Ⓢ新潮新書

渡辺 実
WATANABE Minoru

都市住民のための防災読本

429

新潮社

はじめに

前代未聞の事態だから、想定外だったから仕方なかった――。東日本大震災が発生した後、そんな諦めとも免責ともつかぬセリフが、防災に携わる関係者の口からしばしば出ています。

確かに、2011(平成23)年3月11日午後2時46分頃に発生した東日本大震災は、これまでの防災の前提をすべて覆しました。M(マグニチュード)9・0の巨大地震が発生すること、東日本の広範囲に津波が襲うこと、その津波が場所によっては30mを超えたり沿岸から5km以上内陸にまでも達すること、原発から深刻な放射能漏れが発生すること、それにともなって広域の避難指示が発令されること、2万人以上の死者・行方不明者が発生し、地震発生後3ヶ月余りが経過しても10万人を超える避難者がいること……こうした事態は従来想定されていなかったか、想定されていたとしても現実の可能性としては真剣に考えられていなかったことばかりでした。

しかし私は、今回の震災を「前代未聞だった」「想定外だった」と評することをやめました。率直に言って、想定できなかったことを恥じています。

「前代未聞」「想定外」というセリフは、免責の言い訳にはならないように思うのです。なぜなら、災害というものはそもそも、想定していない形で起きるものだからです。「想定外」を「想定内」に変えていくのが、地震予知や災害予防に携わる学者や、私のような防災・減災を専門とするジャーナリスト、防災コンサルタントなどの役割のはずです。

実際、インド洋の広範囲に津波が発生した2004年のスマトラ島沖地震の震度はM9・1でした。震源域は1000㎞以上にわたっており、断層のずれは南北400㎞にも及んでいました。

私は、スマトラ島沖地震の取材から帰国した後、何人もの地震学者に「M9クラスの地震は日本でも起こるのではないか」と問いかけましたが、1人としてその可能性を指摘した人はいません。日本で想定されていた地震の規模は最大でもM8クラスで、M9クラスは視野に入っていませんでした。

日本では、毎年1月1日付けで、政府の地震調査研究推進本部地震調査委員会が、内陸の活断層及び海溝型地震の発生確率を公表しています。最新の2011年1月1日付けのものを見ると、主な地震の今後30年以内の発生確率は、以下のように記されていました。

宮城県沖　99％（M7・5）
三陸沖南部海溝寄り　80～90％（M7・7）
東海地震　87％（M8程度）
東南海地震　70％程度（M8・1）
南海地震　60％程度（M8・4）

ちなみに、阪神・淡路大震災の直前の発生確率は、0・02％から8％でした。

ご覧いただければお分かりの通り、どの地震も発生確率は非常に高いものの、想定されている震度はM7~8クラスです。マグニチュードが1大きくなると、地震のエネルギーは約32倍になりますから、M8クラスでの対応によって作られてきたこれまでの防災計画は水泡に帰したといっても過言ではありません。おそらく、2012年に公表される今後の地震発生確率の長期評価は、2011年までのものとがらりと変わっているでしょう。

1995年1月17日の阪神・淡路大震災発生後に「日本列島は地震の活動期に入った」と地震学者から警告が出されていましたが、今回の東日本大震災で、よりこの警告のリアリティが増しました。「地震の活動期に入った」ことの科学的評価には時間がかかります。国家の事業となれば、いろいろな思惑もからんでくる。特に、災害の評価となると、国民に痛みや犠牲を強いることになるので、判断はどうしても慎重にならざるを得なくなります。国の震災対策が後手後手に回ってしまうのは、日本の組織の官僚主義を差し引いても、ある種必然なのです。

だからこそ、国の方針を待たずに個人の立場で、最悪の事態も想定して、できることを今のうちにやっておくに越したことはないのです。

今後、高い確率で起こるとされる大地震に遭遇すると、大都会では「高層難民」「帰宅難民」「避難所難民」という三大「震災難民」が発生します。

広辞苑によると、難民とは「戦争・天災などのため困難に陥った人民」を指すとのことですが、この3種類の震災難民は、大都市震災に特有の現象です。

内閣府中央防災会議が２００５年に公表した「首都直下地震被害想定」（想定：東京湾北部地震　M７・３　冬午後6時　風速15m）によると、死者1万３０００人、建物全壊約85万棟、避難者約７００万人、１１２兆円の経済被害が発生するとされています。

この場合、建物被害や停電、救助や復旧の遅れによってエレベーター内に閉じ込められる「閉じ込め事故」が30万件発生し、1万２５００人もの人が長時間閉じ込められるとされています。当然、高層住宅や高層ビルの住民は身動きが取れなくなって、「高層難民」となります。

また、首都直下地震の場合、ＪＲや私鉄、地下鉄などの交通機関が、施設被害や停電によって長時間停止して、帰宅できなくなる人が首都圏で650万人も発生し、彼らが「帰宅難民」となります。

東日本大震災の際にも、首都圏の鉄道が軒並み運休となり、徒歩などでの帰宅を強いられた「帰宅難民」がたくさん発生しました。それほどのパニックも発生せず、互いに協力しあいながら整然と歩いていく人々の姿は、外国メディアで賞賛されたりもしました。しかし、首都直下地震などこれから予想される大地震の際には首都圏が被災地になりますから、帰宅難民の混乱は、首都圏が被災地ではなかった今回よりもはるかに大きくなります。

首都直下地震の際には、地震発生1日後には約540万〜700万人の避難者が発生すると予想されています。そのうち避難所での生活を強いられる人は、およそ350万〜460万人と想定されています。しかし、この数字には「帰宅難民」がカウントされていないこと、避難所として指定されている小中学校などが崩壊して避難者を収容できないケースが発生することから、地震発生1日目から大勢の避難できない人々、すなわち「避難所難民」が発生します。

この三大震災難民は、1923（大正12）年の関東大震災や、1995（平成7）年1月17日に発生した阪神・淡路大震災、2004（平成16）年10月23日の新潟県中越地震では発生していません。東日本大震災では広範な地域にわたって被害が発生しましたが、巨大都市が被災地にならなかったこともあって、「避難所難民」や「高層難民」の数は限定されたものに過ぎません。首都圏で「帰宅難民」は大量発生したものの、それは被災地でのことではありませんでした。

実は、大規模な後背地を有する近代的な都市が、巨大な震災に見舞われるというのは、いまだ世界が経験したことのない事態なのです。しかし、それは首都直下地震や東海地震などに首都圏が見舞われた時、必ずやってくることなのです。

災害には、それぞれ固有の「顔」があり、新たな災害が発生するたびに新しい顔を見せてきます。新潟県で起きた中越地震では、中山間地に甚大な被害が生じて孤立集落が発生し、そこに大雪が重なって、被災地が地震被害と雪害とのダブル被害に見舞われるという、新たな震災の顔が見られました。さらには避難所で「エコノミークラス症候群」が発生するという、阪神・淡路大震災では見られなかった事態も生じています。

東日本大震災では、被災地域の広大さ、原子力災害対策特別措置法に基づく避難指示、放射能による作物や土壌の汚染や風評被害、消費者の買いだめによる物資不足、ガソリン不足や電力供給の不安定化による経済活動・生活への影響、震災直後においては「死者」と「行方不明者」がほぼ同数という被害の様態、地域丸ごとの消失……などといった、まったく新しい事態に日本が直面しています。

防災対策というのは、災害のたびに現れるこうした新しい「災害の顔」との戦いです。次の災害で同じ被害を繰り返さない、もしくは被害を最小化するための対策をいかに講じていくかの、絶えざる戦いなのです。

本書では、切迫する首都直下地震など近代都市が巨大地震に襲われたときに発生する事態を真正面から見据え、そのための対策を考えてみました。いささかショッキングな記述もあるかもしれませんが、これはフィクションではなく避けられない現実です。近代都市で生活している以上、災害の問題は他人事ではありえません。どうか、皆さん1人1人の「自分の問題」として捉えていただきたいと思います。

M9クラスの地震が現実に発生してしまい、余震ですらM7クラスが頻発している日本列島が、すでに巨大地震の活動期に入っていることは、ほぼ確実です。次の巨大災害が発生するまで、我々に残された時間は、そう長くないのかもしれません。それでも、できることから実行に移してください。防災対策は、頭で理解しているだけでは何の役にも立ちません。

本書は、2007年4月に出版した新潮新書『高層難民』をベースに、東日本大震災での経験や私自身の取材を踏まえて大幅に加筆・修正を施したものです。本書が、次の巨大地震発生時に1人でも多くの生命を救う一助になることを期待してやみません。

都市住民のための防災読本――目次

はじめに　3

第1章　「超高層」は危ない　17

「超高層」って何階建て以上？／「超高層」の歴史／阪神・淡路大震災でも経験しなかった事態／海溝型地震／「共振現象」の恐怖／長周期地震動で都庁も損傷

第2章　高層難民生き残りマニュアル　31

1週間以上の難民生活を覚悟せよ／被災地・仙台の高層難民／生き残りマニュアルその1・水の備蓄／水洗トイレの水を有効に使え／飲料水が備蓄されている意外な場所／雑用水／生き残りマニュアルその2・食料の備蓄／被災者が食事を選べるシステムを／お勧めはカロリーメイト／冷蔵庫を活用しよう／生き残りマニュアルその3・災害時のトイレ／猫用のトイレ砂を活用／生き残りマニュアルその4・エレベーター対策／停止30万基、閉じ込め1万2500人／コンビニ袋、ラジオ、ペッ

トボトル／カゴの中にも備蓄を／生き残りマニュアルその5・5階建て理論／東京都中央区が日本初の高層難民対策を実施

第3章 帰宅難民は家に帰るな！ 63

新しい難民／東日本大震災で都内に帰宅難民300万人／帰宅難民が発生した初のケース／保安員が徒歩で点検／緊密なネットワークが裏目に／首都直下地震では帰宅難民650万人！／帰宅難民発生の2つの要因／20年以上前から議論／帰宅支援ステーション／支援ステーションの落とし穴／水道やトイレを提供できるのか／「帰宅支援マップ」をアテにするなかれ／帰るも地獄、残るも地獄／帰宅難民は帰るな！

第4章 避難所難民はどうすればよいのか 91

東京ドーム12個分のスペースが不足／避難所難民265万人／耐震性に不安のある避難所も／なぜ避難するのか／応急危険度判定／避難所の環境が劣悪なので……／

車内避難で「エコノミークラス症候群」／三陸の避難所でも発生／水分をとらない被災者たち／都市型の避難システム／津波の避難は「垂直」に／通電火災／まずは広域避難場所へ逃げよ

第5章　東日本大震災で見られた「新たな震災の顔」　119
スマトラ島沖地震＋チェルノブイリ原発事故／「ガソリン」がライフラインに／陸路も海路も使えない／津波に対する意識が不十分だった／それでも「津波田老」は役立った／広さとにおい／ぼっとん便所と自転車／コミュニティの存在

第6章　政治に求められる「本物の防災」　137
初動で必要なのは「スピード」と「ダイナミズム」／地上へ緊急物資を落とせ／現場指揮官の裁量があれば……／被災度認定にも「超法規」を／求められる前に被災地支援に動いた自治体／被災地への建築制限／「まちづくり」よりも「産業再生」を／「どのくらいの高台」へ移転するのか／生命を守るのか、生活を守るのか／石巻・荒地区の津波防災まちづくり／霞が関と被災地の温度差／東京湾の津波対策を

忘れるな／富士山にも噴火の兆候が／「安全情報」と「安心情報」を峻別せよ／日本の曲がり角

第7章 「次の大地震」の基礎知識 173
我が国の地震調査体制／今後30年以内の地震発生確率／間に合わなかった東日本巨大地震の予測／千年に一回の巨大地震なのか？／東海地震は予知できるのか？

おわりに 187

第1章　「超高層」は危ない

「超高層」って何階建て以上？

我々はごく普通に「超高層ビル」とか「高層ビル」という表現を使っていますが、この「超高層」「高層」とは、いったいどれくらいの高さの建物を指すのかご存じでしょうか？

まず「高層建物」ですが、これは単に階数の多い建物を指しており、明確な定義はありません。一般的には1〜2階程度を低層建物、4〜5階程度を中層建物と言っており、それ以上のものを高層建物と言っています。消防法では、高さ31m以上の建築物が「高層建築物」と称されています。

「超高層建物」とは、建築基準法では高さ60m以上の建築物を指していますが（建築基準法施行令第36条3項）、一般的には100m以上の建築物を超高層建築物と言っているようです。

確かに「超」がついていますから、100m以上の高層建物の方が「超高層ビル」のイメージには合いそうです。建物の階数に直すと、1階分の高さを約4mと仮定すれば、だいたい「25階建て以上の建物」が「超高層建築物」ということになります。

「超高層」の歴史

実は、１９６３（昭和38）年までは、31ｍ以上の建物を建てることができませんでした。その大きな要因は、地震国である日本において、建物の安全性が確保できる建築技術がまだ十分に発達していなかったからです。

１９２３（大正12）年に発生した関東大震災での建物被害をふまえて、その翌年の１９２４年、「市街地建築物法」（今の建築基準法にあたる法律）の施行規則第１０２条の２に、世界に先駆けて建築物の耐震基準が盛り込まれました。この中では、当時の耐震技術を根拠にして「建築物の高さは１００尺（31ｍ）以下とする」ことが定められています。

そして、１９５０（昭和25）年に「建築基準法」が制定されて以来、我が国の耐震技術が飛躍的に進歩したことから、１９６３年の建築基準法改正の時に、従来の建築物の高さ制限（１００尺＝31ｍ）が撤廃されました。これにより高層建築物の建築が可能になりました。日本の高層建築の幕開けを挙げるなら、まさに１９６３年がそれに当たります。

高層建築を可能とする上で外せない条件は、耐震基準の強化と、高速エレベーターの開発でした。この時期に高速エレベーターが実用段階に入ったことも、高層建物の普及の背景にありました。こうした様々な条件が整ったことにより、日本中に高層、超高層建築物が次々と建てられるようになったわけです。

阪神・淡路大震災でも経験しなかった事態

1995年1月17日に発生した阪神・淡路大震災（兵庫県南部地震　M7・3の直下地震）では、地下3階地上30階建ての神戸市役所庁舎1号館も被害を受けましたが、電気・水道などの停止にとどまり、構造的被害はほとんどありませんでした。この1号館の隣に建っていた8階建ての2号館は、6階部分がペシャンコに崩壊してしまい、現在では6階から上の部分を取り除いて5階建てになっています。

30階建ての超高層ビルである神戸市役所1号館は、近代になって大地震に遭遇した日本唯一の超高層ビルでしたが、今回の東日本大震災では仙台市内や首都圏の多くの超高層ビルが大地震の洗礼を受けました。

地震による超高層ビルのダメージを考える場合、地震波の周期と建物の揺れの周期との関係を考える必要があります。

地震が発生すると、地震波が地面を伝わって、地表の都市や建物、道路などの構造物に襲いかかります。この地震波には周期（ユサユサと揺れる波の長さ）がありますが、内陸部の活断層によって引き起こされる都市直下地震の場合、建物に伝わる地震波の周期は短くなります。阪神・淡路大震災を引き起こした兵庫県南部地震や、２００４年10月23日に発生した新潟県中越地震（Ｍ６・８）も、この短い周期の揺れが襲ってきた大地震でした。

付け加えておくと、地震研究の分野では一般的に、Ｍ7以上を「大地震」、Ｍ8以上を「巨大地震」、Ｍ9以上を「超巨大地震」と言います。ですから、阪神・淡路大震災は「大地震」、東日本大震災は「巨大地震」ないしは「超巨大地震」ということになります。

海溝型地震

日本では、兵庫県南部地震のように内陸を震源として発生する地震のほかに、海底が震源で起きる地震、すなわち「海溝型地震」も頻繁に起こります。2011年3月11日に発生した東日本大震災は、言うまでもなくこれに当たります。

日本は周囲を海に囲まれていますが、この海の中（海底）にはいくつもの巨大なシワがあり、このシワに向かって巨大な岩盤が両側から押し合いをしています。当然、シワにはどんどんと圧力がかかっていきます。ある時、圧力が限界を超えると、沈み込んでいる岩盤が耐えられずに跳ね返ります。この現象が海溝型地震を引き起こすと言われています。東日本大地震の場合、東日本が載っている北米プレートの下に太平洋プレートが沈み込み、それに引きずられた北米プレートが耐えきれなくなって跳ね返ったことで、巨大地震が発生したと考えられています。

海溝型地震の場合、震源が深いことが多く、また陸地までの距離も離れているため、地震波の周期は「ユーサユーサ」と長い周期になる特徴があります。

また沈み込んでいた岩盤が一気に跳ね返りますから、その岩盤の上に乗っていた巨大な水の固まり、つまり海水は押し上げられることになります。海面も押し上げられ、海水全体が陸地へ向かって押し寄せてきます。これが津波です。

ここでは、地震の波には周期があること、内陸で発生する直下地震の周期は短い「ガタガタ」で、海で発生する海溝型地震の周期は長い「ユーサユーサ」である、と覚えておいてください。

「共振現象」の恐怖

建物や橋などの土木構造物にも、それぞれ特有の揺れの周期があります。これを「固有周期」と言います。一般に、超高層ビルや長い構造物の固有周期は長く、低層建物や短い構造物の固有周期は短くなります。今回の大震災に超高層ビル内で遭遇して、船が揺れている時のようなゆっくりとした「ユーサユーサ」を体験した読者も多くいると思いますが、これは超高層ビルの固有周期が長いために、１回の揺れも長くなっていて、そう感じられるわけです。

問題なのは、ある固有周期を持った建物に、この周期に近い周期を持った地震波が襲ってきた場合、地震と建物の周期が重なり合う「共振現象」が起こることです。

この共振現象が発生すると巨大な破壊力が生まれて、建物や構造物を崩壊させてしまう危険性が飛躍的に高まります。阪神・淡路大震災の時に30階建ての神戸市役所1号館が崩壊しなかったのは、地震がM7・3の直下型であったことから、地震波が短周期だった一方、神戸市役所1号館が超高層建物ゆえの長い固有周期を有していたため、たまたま共振現象を免れることができたからなのです。

長周期地震動で都庁も損傷

この長周期地震動とは、木造住宅などに被害が出やすい「ガタガタ」(短周期の通常の揺れ)と異なり、人があまり感じない周期(2～10秒程度)の非常にゆっくりとした揺れ(ユーサユーサ)になります。

これは巨大地震で発生しやすく、やわらかい堆積層の地盤では、この揺れが増幅して長く続きます。土木学会と日本建築学会が、巨大地震が発生した場合の各地の長周期地震動を予測した結果、その予測地震動によって建物が受けるエネルギーは、これまでの設計で想定されてきた標準的な揺れの2〜4倍にもなることがわかりました。特に影響を受けやすい60m以上の高層ビルでは、倒壊までには至らないものの、地下構造や建物の高さによって建物の揺れが大きく異なり、大きな変形などの致命的損傷が生じる可能性があることがわかりました。また、長周期地震動は揺れが数分間以上続き、建物に繰り返し損傷を与えることから、累積した損傷によって建物がさらなるダメージを受ける可能性もわかりました。

仙台市内や首都圏など都市部の超高層ビルにとって、東日本大震災は初めて経験する巨大地震となりました。震度5強を観測した東京都心部では、長周期地震動が長時間続き、軀体《くたい》などの構造には問題がなかったものの内装や外壁に損傷が出た高層ビルがかなりありました。

東京都庁もそのひとつです。都庁では、第二本庁舎の33階にある体育館、3階の執務室、そして第一本庁舎の1階にある入口と、少なくとも3カ所で天井材落下の被害が発生しています。また、エレベーターホールで防火戸が外れてしまったり、壁が剝がれたりという被害もあったようで、長周期地震動の影響がうかがえます。

大手建設会社の大成建設の調査によると、震災当時、新宿の超高層ビル群一帯はおよそ13分間にわたって揺れ続けていたそうです。観測していたのは新宿センタービルでしたが、関係者によると「建物自体はそれより長く、15分くらい揺れていた」とのことです。地震がおさまっても揺れが収まらない高層ビルの中で、船酔いのような感覚に襲われた人も少なくありません。建設中の東京スカイツリーも水平方向に5mもゆれたそうです。

日本建築学会は、東日本大震災の一週間前にあたる2011年3月4日に、長周期地震動に関する研究成果を発表しています。課題としては、以下の5項目が挙げられています。

①首都圏、名古屋圏、大阪圏に建つ既存超高層建物は、これまで検討した最大の地震である東海・東南海・南海地震の三連動地震によって、当初設計時に想定した地震動よりも相当長い時間にわたって大きく揺れる可能性が高い。しかし、三連動地震に対しても、これら都心部に林立する超高層建物群がもろくも崩壊する可能性はほとんどない。

②長周期地震動は地域によって揺れの特性（地面の揺れの卓越周期や継続時間等）が違い、また超高層建物が持つ構造特性（固有周期、減衰、構造形式、強度やじん性）も高さや設計時期によって差があるので、建物の揺れの度合いや損傷度は個々の建物ごとに異なった様相を呈する。
③超高層建物において、非構造部材の損傷や家具什器類の移動・転倒が起こる可能性は極めて高い。一方で、家具什器類の移動や転倒は、適切な固定対策によって確実に防げる。
④超高層建物にダンパー等の制振部材を取り付けると、その揺れは顕著に減少し構造軀体を無損傷に留めることは十分に可能である。
⑤超高層建物が大きな地震を受けた直後に実施しなければならない応急危険度判定（避難の要否）や被災度判定（被害程度と再使用への工期・工費等）は、建物内への立ち入りの判断、損傷判定に要する時間、判定技術者数の限界等から、困難を極めることが予想される。

対策としては、以下の5項目が挙げられています。

①既存超高層建物については、個々に耐震診断を実施したうえで、それぞれの被害程度を事前に予測しておくべきである。被害が大きいと判定された建物については、建物の機能改修（設備機器や内外装等の更新）時に、制振部材を用いるなどの耐震補強を併せて実施することが効果的である。

②超高層建物の上下方向の移動の要となるエレベータのうち少なくとも一基を、大地震直後にも安全に利用できる耐震性能の高いエレベータに更新すべきである。これによって地震直後の避難、危険度判定、復旧・補修等、地震後に発生するさまざまな作業が大幅に促進される。

③超高層建物の揺れを測る観測機器（加速度計）を建物内に常設すべきである。また設計図書等の資料や最新の地震応答解析ができる解析モデルを一元管理し、地震後にすぐ使えるように備えておく必要がある。建物の揺れを模擬できる解析モデルと観測記録を組み合わせた損傷診断は、地震直後における危険度・被災度の判定や損傷部位の同定に

絶大な効果を発揮する。

④超高層建物は未だ大きな長周期地震動の洗礼を受けていないので、これら建物への被害や、被害に伴う生活や事業の阻害には未知の部分が多い。それを補うためには、実際にことが起こったとき、どのような事象が発生し、また今ならそれにどう対処するであろうかという視点から想定シナリオを描き、現状の課題を洗い出すとともに事前の対策案を練るべきである。

⑤超高層建物の所有者、使用者、居住者には、長周期地震とその対応を真剣に考えなければならないことを強く訴えるべきである。そのためには、超高層建物の揺れを擬似体験することなどによって対策の必要性を実感させること、震災時行動マニュアルを整備するとともに防災訓練を定期的に実施すること、また特に分譲集合住宅のような所有者が多数にわたる建物の場合には、耐震診断、耐震改修、被災後補修等に対する事前の合意形成を促すことが有効である。

対策の⑤に記された「超高層建物の揺れを擬似体験すること」は、今回の震災でもはや必要なくなった人も少なくないでしょう。総じて言えば、建物が倒れるところまではいかないものの、水平方向の揺れが長時間続き、それにともなって内部がメチャメチャになり、建物の構造にも深刻な影響が出る、ということになります。

ただ、首都圏近郊でM9クラスの地震が起こったら、予想もしなかった事態が生じる可能性はあります。大規模な近代都市が、海溝型巨大地震の洗礼を直接に受けたことがない以上、わからないことはまだたくさんあるのです。

第2章　高層難民生き残りマニュアル

1週間以上の難民生活を覚悟せよ

遅かれ早かれ、我が国の高層マンション群は、巨大地震の洗礼を受けることになるでしょう。地震波は地面を伝わって高層マンションにも押し寄せますから、マンションは当然、大きく揺れます。確かに最近の高層マンションには免震・制震装置が設置されていますし、地震の揺れをできるだけ小さくする技術も急速に進歩しています。しかし、前述したように、長周期地震動に対して高層ビルがどのような動きを起こすのか、どのような被害が出るのかは、いままでに経験したことがない以上、これからの課題として残ったままです。

高層マンションでの被害は、建物本体の構造的な部分だけに限りません。高層マンションという地上から100m、200mの高い場所に住んでいること自体が、地上に住むこととまったく異なるリスクなのです。高層マンションにお住まいの方は、大地震が発生した直後から、相当な期間「難民生活」を強いられることを覚悟しておいてください。「難民生活」の程度は、地震の大きさやマンションの立地場所、建物の被害程度によって異なりますが、概《おおむ》ね1週間以上は想定した方がよいと思います。私は、地上に住んでいる皆さんには、地震発生から最低3日間の対策をお願いしているのですが、高層マンションにお住まいの方は、3日間の備えでは心許ないのです。

前述したように、高層マンションでは、上下移動に欠かせないエレベーターがライフライン（命の綱）になります。このエレベーターがいつ復旧するのかが、高層マンション住民の運命を決めるといっても過言ではないでしょう。

エレベーターで上下移動ができなくなると、高層階の住民は階段で歩いて上下移動するしか方法がありません。現に東日本大震災では、首都圏で高層マンションのエレベーター停止が広範囲で発生し、数十階の自宅まで徒歩で上がることを余儀なくされた人がたくさんいました。

被災地・仙台の高層難民

仙台市太白区の「長町街苑パークマンション」は、11階建て、14階建て、15階建ての3棟で、計229世帯が暮らしていました。地震の直後からエレベーターが停止し、電気、ガス、水道が使えなくなりました。1階に集まってきた住民は、避難場所になっている小学校に向かおうとしたものの、すでに大勢の人で溢れていたために、急遽《きゅうきょ》、1階ロビーと2階の集会室を住民用の避難所にしました。中高層階の住民を中心に約120名がここで寝泊まりし、ライフラインが復旧するまでの4日間を過ごしました。

このマンションの場合、高層階には70〜80代の老夫婦や、足の弱った高齢者が数世帯住んでいました。そこで、住民たちからボランティアを募り、水運びや炊き出し、お年寄りの介助、買い物、料理などを担当。毎日3回、温かい食事を提供し、それを3月20日まで続けたそうです（『毎日新聞』2011年5月4日付け朝刊より）。

このマンションの場合、住民の意識が高かったこと、高層マンションとは言え最上階でも15階だったこともあり、水や食糧の供給ができましたが、40階、50階の超高層マンションでは、こうはいきません。東京都心部の高層マンションなら、そもそも住民同士の付き合いも希薄です。

私が関わるテレビの防災特番などでは、高層マンションの住民の方に参加していただき、エレベーターが地震で停止した場合を想定して、階段での上下移動をしてもらうことがあります。10階以上の住民の場合、最初の1回の往復はなんとかがんばれますが、水などの荷物を持って再度チャレンジしてもらうと、老若男女を問わずにほとんどの方がギブアップしてしまいます。

これを毎日繰り返すとなると、せいぜい5階までが限界でしょう。20階以上に住んでいる場合、エレベーターが停止すると、地上までの階段での上下移動はまったくできなくなります。つまり、彼らは高層難民になるということです。

では、高層難民にならないために、あるいは高層難民になったときできるだけそのリスクを軽減するために、何をしておけば良いのでしょうか？

この章では、地震が来る前にしておかなければならない「高層難民・生き残りマニュアル」を記していきたいと思います。

生き残りマニュアルその1・水の備蓄

大地震発生後には必ずと言っていい確率で水道が止まり、復旧までには時間がかかります。

地震発生時までに、飲料水と雑用水の2種類の水を備蓄しておかなければなりません。

高層難民になる高層階の家庭では、下界から遮断され、外部からの給水が不可能になるなかで、この2種類の水を確保しなければならないのです。

まず飲料水です。通常、地震時の水の備蓄は、「1日1人3リットルで3日間分」と言われています。この基準は、国や自治体の防災対策指針としてもよく使われています。4人家族の場合、「1日3リットル×4人×3日」で、合計36リットルの飲料水の備蓄が必要ということです。2リットルのペットボトルで18本です。これが備蓄できる方は、ぜひ18本のペットボトルを封を切らずに暗い場所に保存してください。

地震という非常事態なのですから少しは我慢することにすれば、1人1日1リットルでも生きてはいけます。すると、4人家族の家庭では12リットルの飲料水の備蓄で足りることになります。この量であれば、どの家庭でもなんとか備蓄できるのではないでしょうか。

貴重な水です。高層難民になったら、ウィスキーや焼酎の水割りはもちろん、ビールやチューハイなどでも、アルコール全般を我慢してください。疲れると酒が飲みたくなりますが、酒には利尿作用があって脱水症状を起こしますから、さらに水が必要になってしまいます。

水洗トイレの水を有効に使え

備蓄できる飲料水は、ペットボトルに限りません。特別な備えをしなくても、新鮮な飲料水が自然と備蓄されている場所が家庭の中にあります。水洗トイレです。

水洗トイレにはタンクがついています。このタンクには、約8〜10リットルの新鮮な水が使うたびに補給されています。地震でタンクが破壊されない限り、特別に備蓄しなくても、自然に8〜10リットルの飲料水が確保されているのです。

但し、トイレタンクの水を災害時の飲料水に使うと決めたら、タンクの上では手を洗わないことと、最低でも月に1回はタンクの中の水垢を取っておくことをお勧めします。できればこれを「家族の掟」にして実践してください。

さらに大切なことがあります。地震が起こったら、トイレの水を流す取っ手をガムテープでしっかり止めて、絶対に流せないようにすることです。ついうっかりこの取っ手を回して水を流した瞬間、せっかくの飲料水8〜10リットルが、一瞬のうちに流れてなくなってしまうのです。このタンク水は水道水ですが、空気に触れていますから、飲料水として使えるのは3日間程度です。水道水には滅菌のための塩素が混入されていますが、空気に触れた状態で置いておくと、3日間程度で雑菌が増えるのです。

もう1つ重要なことがあります。災害時に口に入れるものは、水に限らず、必ず火を通すことを忘れないでください。高層難民必須の防災グッズの1つは、「カセットコンロ」(カセットガスのスペアーも)です。このカセットコンロで一度沸騰させて飲むなら、タンク水でも1週間程度は大丈夫です。

最近のオシャレなマンションには、タンクレスの水洗トイレ便器が設置されている物件が増えています。こうした災害時に役立たない、オシャレを優先するトイレの場合は、残念ですがペットボトルで飲料水を備蓄してください。

飲料水が備蓄されている意外な場所

実は、皆さんのマンションでもう1カ所、何もしなくても水の備蓄が自然とできている場所があります。それは、どこでしょうか?

答えは冷蔵庫の製氷ボックスです。最近の冷蔵庫の製氷ボックスは大きなものもあり、だいたい2リットル程度のボックスに製造した氷が保冷されています。地震後の停電になって、この氷が融ければ、立派な飲料水になります。夏期の地震の場合は、融けるまでの氷を口に含むことで暑さもしのげます。冷蔵庫の氷を災害時の飲料水に活用すると決めたら、いつでも製氷してボックスの氷を満タンにしておくことです。お父さんは水割りをつくったら必ず製氷器の水を満タンにしておくことを忘れずに。そして、製氷ボックスも月に1回はキレイに洗っておくこと。これを家族の掟にして、みんなで守りましょう。

水洗トイレタンクの水が8～10リットル。冷蔵庫の製氷ボックスで2リットル程度。合計で10～12リットルの新鮮な飲料水が、何もしないでも日常生活のなかで備蓄できていることになります。

雑用水

つぎは雑用水です。雑用水とは、トイレの排水、食器洗いや洗濯などに使用する「飲料水以外の水」です。平常時は、1日1人200リットル以上を使用しています。

地震が発生したのですから、まずは水を使用しなくても良い工夫をしましょう。食器はあらかじめラップを敷いて使って、洗浄がいらないようにします。洗濯、入浴は、当分の間我慢です。すると、残るのはトイレの排水用の水です。このトイレ用の雑用水は、日常的に風呂の水を流さないで、溜め水にしておくことで解決します。

災害時のトイレについては別項でお話ししますが、もし、あなたのマンションのトイレが地震後でも使用可能であれば、糞尿の排水に風呂の溜め水を使って応急処置をしてください。水道の復旧には時間がかかります。風呂桶で2～3杯、トイレに流せば糞尿は流れていきます。尿は匂いが我慢できなくなるまで、流さないようにしましょう。災害時ですから耐えてください。決して飲料水に使用するタンクの水は流さないようにしてください。

高層階の住民は高層難民になります。1週間程度の籠城を余儀なくされますので、災害用備蓄の水の量は、各家族構成にあわせて概ね1週間程度を準備してください。

生き残りマニュアルその2・食料の備蓄

「災害時の非常用食料の備蓄は3日分を」と国も地方自治体も言っています。

これは、3日もすれば行政や周囲から避難所へ食料が提供されるシステムが、日本にはできているからです。私は、我が国だけでなく世界中の各種災害を調査していますが、確かに日本ではこれまで、災害時に餓死者を出してはいません。発展途上国の地震災害を調査に行くと、水や食料が長期間供給されずに、幼児や老人、病人が餓死していくのを時々目にすることがあります。

ただし、この災害時の食料供給システムは、地上にある避難所での話です。高層階に取り残された高層難民は、階段で地上に下りてこの配給食料を避難所でもらい、再び階段を上って住居に戻らなければなりません。大地震が発生した場合、避難所への食料供給は、衛生上の問題から「まとめて何日分」といった具合にはいかず、3食その都度の配給となります。つまり高層難民は、水道、電気、ガスなどのライフラインが復旧するまで、毎日毎食ごとに地上との上下移動をしなければならない、ということです。

これは、想像するだに絶望的な事態です。1つの解決方法は、ライフラインが復旧するまで、マンションから脱出して避難所で生活をすることです。特にお年寄りや幼児がいる家庭は、発病などを考えれば避難所へ避難することが賢明な選択だと思います。マンションに籠城する場合は、最低1週間以上の食料備蓄を行ってください。

最近は、水もどし餅や缶入りパンなど、従前の非常食の定番であった乾パン以外にも、多様な非常食・長期保存食が発売されています。9月1日の「防災の日」の前後や、1月15日〜21日の「防災とボランティア週間」の際などに、デパートなどで販売されています。阪神・淡路大震災以降、多くの食品メーカーが非常食品の開発を行ってくれました。水がなければ喉に詰まりそうなあの乾パンからは解放されるようで、大変結構な状況だと思います。

被災者が食事を選べるシステムを

しかし、多くの被災地を回っていると、非常食品が多様化した弊害も見かけるようになってきました。水やお湯がなければ戻せない食品、長期保存はきくけれど防腐剤・添加物が多く含まれている食品、味付けが甘すぎたり辛すぎたりして喉が渇く食品等々、実際の避難所などでは食べづらい非常食品も出回っています。こうした非常食品を開発されるメーカーの方々は、ぜひ実際の被災地を自ら見てほしいものです。また、非常食品から出るごみの問題も考慮していただきたいと思います。

避難所では、想像以上のストレスが溜まります。このストレスが原因で、様々な病気を発症する被災者が多くいます。被災地でのストレスを全て解消することは不可能ですが、口に入れる毎回の食事が良ければ、ストレス解消にも大きく寄与します。

日本の災害救助法では、原則、被災者個人への現金供与が禁じられています。ですから、弁当や菓子パンなどの現物支給が中心になってしまいます。米国では、災害が発生した場合、被災者に対し政府から小切手（現金）やフードクーポン（食券）が支給されます。小切手は、どこの銀行でも現金化でき、フードクーポンは開いているお店（使用できる地域は限定されます）で好きな食品に交換できます。2005年8月、ニューオーリンズを襲ったハリケーン・カトリーナの災害の際には、被災者に入金済みのキャッシュカードが配布され、どこのキャッシュディスペンサーでも現金化できる仕組みになっていました。

弁当・おにぎり・パンを選択の余地がない状況で一方的に配給される日本のシステムより、自分で買いものができて好きなものを選択できる米国のシステムの方が良いとは思いませんか？　少なくとも、被災後のストレスをより解消できるのは、米国式の方でしょう。

私は、この米国システムを導入するよう、これまで何回も政府の防災担当部局にお願いしているのですが、政府は「小切手もクーポンもキャッシュカードもこれまで前例がない」との見解をとっていて、日本ではまだ実現していません。

お勧めはカロリーメイト

災害時にストレスを溜めないようにするには、日常口にしているものを災害時にも食べることです。あなたが「これなら災害時に口にできそうだ」と思う食品を、自分で備蓄して持ち歩くことが大事です。

備蓄食料は、溜めすぎることはありません。地震が起きたのですから、1日3食食べようなどとは思わないでください。普通の健康な大人なら、1日1食でも死にません。

筆者は根を詰めて原稿を書いている時は1日1食か2食しか食べませんが、いまだに死んでいません。栄養学の専門家にはお叱りを受けるかもしれませんが、一般的に言われている「1日3食分を3日間備蓄」では、4人家族では膨大な量になってしまいます。その食品を毎年入れ替えるとなったら、さらに手間です。「そんな面倒なコトなら地震対策なんてやらなくていいや」となってしまったら本末転倒です。できるところから始めてください。

大切なのは、量ではなくカロリーです。できるだけハイカロリーな食品を備蓄しておくと良いでしょう。ついでに言えば、災害時に水は貴重ですから、のどが渇きにくいウエットな食品で、味は甘すぎず辛すぎずのものを選んでください。

コンビニに行くと、ハイカロリー食品が多く販売されています。こうしたものの中であなたの口に合う食品を1日2食で1週間分備蓄する、できれば2食分はカバンの中に入れて持ち歩くと良いでしょう。これなら誰にもできる「非常食の備蓄」になります。

筆者のお勧めの非常食は、「カロリーメイト」（大塚製薬）です。「カロリーメイト」はウエットなハイカロリー総合栄養食品で、法人や団体向けには3年保存可能な商品もありますから、非常食としては理想的です。味も5種類（2011年5月現在）ありますので、ある程度は飽きが来るのを防げるでしょう。東日本大震災の被災地でも重宝されていました。

高層難民になる高層階の住民は、これを1週間分備蓄してください。カロリーメイトなら、4人家族の1週間分でも1ケース程度ですので、十分備蓄可能です。

冷蔵庫を活用しよう

つぎに、特別な備蓄をしなくても、日常生活の中に眠っている備蓄食品を活用できるアイディアをお伝えします。

もう気づかれた読者もいるかもしれません。そうです、飲料水に続いてまたまた冷蔵庫の登場です。最近の冷蔵庫は大型化しています。そして、食品の買い溜めなどで、多くの食品が冷蔵庫には日常的に入っています。地震後の停電によって、冷蔵庫はタダの「でかい箱」になってしまいますが、この冷蔵庫内の食品は、保存の仕方ひとつで地震後の食料として十分に活用できるのです。

まず、大きな揺れが収まり、停電になったことがわかったら、冷蔵庫のモーターが停止していることを確認して、「冷凍庫」のドアや引き出しを開けてください。つぎに冷凍庫に入っているカチンカチンに凍った冷凍食品や肉や魚の切り身などを、今度は「冷蔵庫」の扉を開けて、冷蔵庫の最上段の棚にギッシリ詰め込んでください。その下の冷蔵庫スペースに残った冷凍食品や野菜、食材をあまり詰め込まない程度に入れて、冷蔵庫のドアを閉めます。

つぎが重要です。閉めた冷蔵庫のドアをガムテープ（剝がすのがラクな布のガムテープが理想的）で目張りして、絶対誰にも開けさせないようにしてください。年配の読者はお気づきだと思いますが、昔の冷蔵庫は最上段に氷の固まりを入れて、その冷気で下段の食品を冷やしていました。停電によってタダの密閉できる巨大な箱になってしまった元冷蔵庫を、昔の氷冷蔵庫に変身させるのです。

この防災の知恵のミソは、普段から冷凍庫に冷凍食品を多く入れておくことです。保冷剤を冷凍庫周囲に貼り付けておけば、さらに効果的です。地震時には保冷剤がそのまま氷になり、保冷効果を向上させることができます。変身した氷冷蔵庫の食品を食べるまで、絶対に冷蔵庫のドアを開けないことが重要です。冷蔵庫のドアを開けた瞬間に冷気が出てしまい、二度と氷冷蔵庫に変身できなくなりますから、ガムテープで封印してください。

備蓄していた非常用の食料で、地震後1〜2日はしのげるでしょう。非常食での食事を楽しんでください。そして2〜3日目に、昔の「氷冷蔵庫」に変身した冷蔵庫の扉を「ジャ〜ン!」と声を出して開けてください。カチンカチンだったスペアリブやマグロのブロックなどの冷凍食品が、ほどよく解凍されているはずです。

地震後3日目くらいから、この食材を使ってバーベキューを家族全員で楽しんでください。ついでだから、お隣さんも呼んで、大地震後3日目にバーベキュー大会を開きましょう。避難所ではせいぜい冷たい弁当、おにぎり、菓子パンが支給されているだけですから、それに比べればすばらしい「グルメな非常食」です。

この時に絶対に守っていただきたいことがあります。飲料水の項でも書きましたが、食品を生で食べることは絶対に避けてください。食品には必ず火を通しましょう。そのためにも、カセットコンロは必須です。普段から鍋物をたくさん食べている家庭なら、ガスボンベも常備されているでしょう。

1週間程度は籠城しなければならない高層難民の非常食は、あなたが選んだ「常備非常食」と「氷冷蔵庫」内の食材があれば、十分に確保できます。

生き残りマニュアルその3・災害時のトイレ

食べたら出る。この生理現象は、震災時にも変えることはできません。食べることは我慢できても、排泄は無理です。無理に我慢すると、体調を崩したり、膀胱炎などを発症することがあります。

阪神・淡路大震災の時の避難所では、お年寄りが肺炎などの感染症にかかって入院する例がありました。よくよく聞いてみると、トイレをガマンしたことが遠因になっていたりします。寝ている避難者たちの間を物音をたててトイレに行くことに対する遠慮や、決して清潔とは言えない仮設トイレに行くことへの苦痛などから、水を飲まなくなり、それが原因で体力を落としてしまったのです。

現代では、水洗トイレの普及によって、排泄物を一瞬にして下水へ流してしまう生活が当たり前になっています。とはいえ、いくら全自動のトイレでも、水がなかったら用をなしません。大地震が起こると、必ずと言っていいほど断水が発生します。断水は、水道供給施設に被害が出た場合に限らず、停電になった場合でも発生します。なぜなら、水道の水はモーターで圧力が加えられており、その圧力で水源地からあなたの住宅やマンションまで送られているからです。マンションの場合は、揚水ポンプによってマンションの上層階まで水が上げられているので、停電になるとポンプが動かなくなってトイレの水も出なくなります。

もう1つ、地震時にトイレが使えなくなる要因があります。それは、「流せなくなる」ということです。通常、流した水は下水道管へ流れていきますので、その下水道までのマンション内の配水管や下水道施設が被害にあうと、下水は流れていかなくなります。高層マンションでは、上層階の配水管に被害が出ていなくても、下層階で配水管に被害が出ていると、下層階のトイレが逆流して便器から糞尿が噴き出すこともあります。十分な注意が必要です。

猫用のトイレ砂を活用

地震後にトイレが使えなくなると、仮設トイレが必要になります。仮設トイレは通常、災害発生時に行政が避難所などに設置していますが、時間がかかる場合が多くあります。阪神・淡路大震災の時には、仮設トイレが避難所に配備されるまでにかなりの時間がかかったケースが多く、避難所になった施設のトイレは「てんこ盛り」状態でした。

驚いたのは、普通のトイレが「てんこ盛り」だったのはわかるにしても、手洗いの陶器も「てんこ盛り」になっていたことです。どうやって用を足したのでしょう？　いずれにせよ、経験したことのない人たちには想像を絶する光景が、至るところで見られました。

最近では、様々な家庭用の非常用トイレが、販売されています。マンション用には、住宅内の便器に袋をかぶせて凝固剤・消臭剤を入れて用を足す非常用トイレセットがあります。また、簡易便器付きの商品もあります。

もっとも簡単に家庭でできる「非常用トイレ」は、ゴミ袋を便器にかぶせて、猫のトイレ砂をその中に入れたものです。猫のトイレ砂は、吸水機能、消臭機能に優れており、なにより廉価です。猫を飼っていない家庭でも、災害時は猫になったつもりで猫用のトイレ砂を使ってみてください。そして、使用済みの紙は別の袋に入れることを忘れずに。非常用トイレの袋に紙を一緒に捨てると、その分袋の容量が減ってしまうからです。

高層マンションの住民にとって非常用トイレは、水・食料と同様に重要な生き残りのための必須グッズです。

生き残りマニュアルその4・エレベーター対策

大地震が発生した直後には、高層マンションは多くの高層難民を抱え込んだ「地獄の巨塔」になる可能性が高くなります。高層難民が生まれる根本的な理由は、エレベーターの停止です。さらに、たまたま地震発生時にエレベーターに乗っていたら、エレベーター内での閉じ込めという別の地獄にも巻き込まれてしまいます。

問題の根本的解決策は、地震によって止まらないエレベーターをつくることですが、なかなかそうはいきません。高層マンションのエレベーターの場合、ロープでカゴを吊って上下に移動させているわけですから、建物が地震によって揺れた時にエレベーターを動かしておくことは大変に危険です。現在の技術では、「地震でも止まらない」エレベーターは、ほぼ不可能です。

２００６年10月からは、気象庁の「緊急地震速報」の運用が始まっています。この緊急地震速報の信号を使って、地震の揺れが来る前にエレベーターを最寄り階に停止させてドアを開け、事前に乗客を避難させるシステムを導入した建物も増えてきました。このハイテクシステムが、次の大震災の際にもしっかりと機能することを期待したいものです。

停止30万基、閉じ込め１万２５００人

政府の中央防災会議の公表によると、今後30年以内の首都直下地震の発生確率は70％とされています。この首都直下地震の被害想定では、首都圏のマンションで18万基のエレベーターが停止、１５００人が閉じ込められるとされています。これは住居用マンションに限った数字で、オフィスの方ではエレベーター停止が12万基、閉じ込めは１万１０００人という数字が出されています。

首都直下地震が発生した直後に、全体で約30万基のエレベーターが一瞬のうちに停止するわけですから、閉じ込められたら、すぐに救出されることはまずありえません。1週間以上は、エレベーターが動かない——この現実から目を背けてはいけません。あなたのマンションのエレベーターが、この18万基に入っているかもしれないのです。そして、あなたが高層難民になる可能性は、自分で思っているよりも遥かに高いのです。

高層マンションの住人にとって、エレベーターは日常生活に欠かせない基盤施設です。エレベーターに乗っている時に地震にあわないという保証はまったくありません。

そこで、エレベーターを頻繁に利用している方、つまりほとんどの都市住民にとって必要な対策を次に示しておきます。

コンビニ袋、ラジオ、ペットボトル

まず、地震発生と同時にエレベーターが停止し、最悪の場合数日間は救出が来ないことを想定して、日頃からコンビニ袋などを持ち歩いてください。これによって、排泄の「垂れ流し」だけはなんとか避けることができます。また、運が良ければ携帯電話がつ

ながるかもしれませんので、携帯電話と乾電池の充電器も欲しい。そして、ラジオとペットボトルの水があれば、さらに良い。ついでに言えば、レスキューホイッスルのような笛を持っていれば、大きな声を出さずに外部に閉じ込められていることを知らせることができます。

同乗者がいる場合は、運命共同体ですから、お互い励まし合ったり協力したりしてください。持久戦ですから、まずは床に座って体力の温存です。階数パネルに設置されている非常電話をかけ続けてください。外部への連絡は、大声を出すのではなく、ドアを内側から叩くこと。停電になって非常灯が消えたら、携帯電話のディスプレーで明かりを採りましょう。同乗者がいれば、携帯も順番に使用して電池の持ちをできるだけ長くする工夫をしてください。

エレベーターの内部からドアを開けることはできませんので、無駄なエネルギーは使わないことです。もし、内側のドアに少し隙間が開いていたら、これを閉じてみてください。ドアの不完全開閉でエレベーターが停止した場合であれば、閉じた時に動き始めることがあります。余震でカゴが揺れることがありますが、日本のエレベーターはロープが切れてそのまま落下する可能性は極めて小さいので、落ち着いてください。

あとは、「必ず助けが来る!」と信じて、希望を持って救出を待つことです。エレベーターの外部にいて、閉じ込めが発生したことがわかったら、保守会社へ連絡を取り続けると同時に、とにかく中の人に声をかけて励ましてください。これこそ誰でもできる、なによりの救助活動です。

現在の高層エレベーターはコンピューターで制御されていますので、専門家以外ではまず動かせません。機械室に入って素人判断で機械を作動させると、もっと状況を悪化させることがありますので、保守会社の到着を待ってください。

カゴの中にも備蓄を

もし、万全の備えを期するなら、エレベーター閉じ込めが発生することを前提に、必要最小限の防災グッズをエレベーターのカゴ内に備蓄する方法もあります。高層マンションのエレベーターには1基以上、救急患者のストレッチャーや棺桶をエレベーターに入れるため、ピット付きのエレベーターが設置されています。このピットに緊急備品を備蓄しておくわけです。ピットの中には、ペットボトルの水、カロリーメイト、簡易トイレ、懐中電灯、ラジオ、レスキューホイッスルなどを入れておきます。ピットがない他のエレベーターには、「エマージェンシーボックス」と書いた箱を用意して、こうしたグッズを入れて装備しておくとよいでしょう。問題はいたずらや盗難だと思いますが、高層マンションの管理組合で十分に対策を話し合ってみてください。こうした装備がエレベーターにあれば、非常時に当面の対応が可能になります。

生き残りマニュアルその5・5階建て理論

第7章で詳述しますが、東京や大阪、名古屋などの大都市では、今世紀前半に巨大地震の洗礼を受けることがほぼ確実視されています。多くの人々が高層マンションを望んでいる以上、建設を止めることは不可能でしょう。ならば、これから作られる高層マンションは、高層難民を生まないものにしなければなりません。同時に、既存の高層マンションでも、高層難民のリスクを減らす工夫が必要です。

高層難民を生みにくいマンションとはどのようなものでしょうか？　そのアイディア

を以下で考えてみます。
東京の多摩ニュータウンや大阪の千里ニュータウンをはじめ、公団や公社などが公的な開発地に建てた集合住宅は、そのほとんどが5階建てになっています。これは、エレベーターを付けなくてもなんとか日常生活ができる建物の高さが5階建てまでだからです。半地下を採用して、1階分は地下方向に階段で下りる仕組みにして、その上に5階分の住戸を乗せた6階建ての集合住宅も多く見られます。実際に上り下りしてみると、健常な人であれば、5階までであれば何とか徒歩で上り下りが可能です。本書ではこれを、「5階建て理論」と名付けておきます。

この「5階建て理論」を超高層マンションに適用すれば、災害時にエレベーターが停止しても、身動き不可能な高層難民のリスクがぐっと減ります。例えば40階建ての超高層マンションなら、5階建てのマンションを8ブロック積み上げるように考えるわけです。その各ブロックの間の階に、災害時に自立するための水や食料、仮設トイレなどを備蓄する。そうすると、どの階の住民も最大でも5階分だけ上か下に移動すれば、必要な物資にありつけるわけです。

このブロック境界階には、エレベーターホールなどの共用部分に倉庫を設置して、管理組合や住民が管理する非常用物資を備蓄します。エレベーターが復旧するまでの間、高層階から地上まで往復しなくても、このフロアーで急場をしのぐことができます。このアイディアは、高層難民のリスク軽減策として非常に有効ですので、マンションの管理組合で具体化を検討してみてください。

東京都中央区が日本初の高層難民対策を実施

東京都中央区は、首都直下地震などに備えて、日本初の高層難民対策を実施しています。中央区では、近年急激に超高層マンションの建設が進んでおり、高層難民対策をまとめた2006年3月時点で、高さ60m以上の超高層住宅（複合用途を含む）が既存35棟、工事中4棟、計画中5棟の合わせて44棟もありました。超高層マンションの住宅戸数は9691戸、工事中・計画中のものを含めると1万6708戸にもなります。

2006年3月時点の中央区の世帯数は5万6562ですから、超高層住宅戸数96

91戸は約17・1％に相当します。しかし、今後増加する現在建設中・計画中の超高層住宅戸数計7017を単純に足すと、中央区の世帯数は6万3579になります。なんと超高層住宅戸数の占める割合が26・3％にもなり、実に4分の1強の世帯が超高層マンションに住んでいることになります。ちなみに、2006年3月末時点の中央区の1世帯当たり人員1・77人をかけてみると、約2万9600人の高層難民が発生する計算になります。中央区は、現在想定されている首都直下地震（荒川河口を震源とする東京湾北部地震）の震源域にも近いことから、日本屈指の高層難民発生地域となる可能性が高いと言えます。

中央区では、こうした現状をふまえて、「中央区高層住宅防災対策検討委員会報告書」（座長・寺本隆幸東京理科大教授　2006年3月）をまとめ、この報告に基づいて2008年3月に市街地開発事業指導要綱を改正、施行しました。対象となる超高層マンションは、敷地面積1000㎡以上のマンションやオフィスであり、新築や改修の際には地震時管制装置付きエレベーターの設置義務、10階建て以上で25戸以上のマンションでは少なくとも5階ごとに60人3日分の食料・水を保管できる3㎡以上の備蓄倉庫を設けることを指導していきます。さらに、敷地面積３０００㎡以上の場合は、周辺住民向けの備蓄倉庫50㎡以上や避難施設、簡易トイレ用の汚水マンホール、排水用の雨水貯留槽１５０㎥以上、防火水槽40㎥以上の設置を義務づけます。

中央区は、もともとは隅田川や晴海運河などを利用した東京の下町でも独特な街づくりが行われてきた地域でしたが、近年はリバーフロントに突如出現した超高層ビル群によって「空中都市」のような様相を呈しています。街は河川によって区切られ、多くの橋によって街がつながっていますが、大地震発生時にこの橋が使用不可能になれば、孤立する地区も発生するでしょう。今後は高層難民の自立化だけでなく、孤立地区の自立化も合わせて検討していただきたいと思います。

この中央区の事例に続いて、同じく多数の高層マンションを抱える港区（２００７年4月時点で、１００ｍ以上の超高層建築物が79棟、10階建て以上の高層マンションが５４４棟）も、２００９年に「港区高層住宅の防災対策に関する検討懇談会報告書」を作成し、本格的な高層難民対策に取り組んでいます（この検討懇談会には、私もオブザーバーで参加しています）。大都市の自治体や国土交通省には、中央区や港区の指導要綱に倣《なら》って、超高層マンション住民のための「高層難民対策」を策定し、実施していただきたいと思います。

第3章　帰宅難民は家に帰るな！

新しい難民

「帰宅難民」（帰宅困難者）という言葉は、多くの読者がすでにご存じのことと思います。大地震が発生して鉄道などの交通機関がストップしてしまい、帰宅できなくなったサラリーマンや買い物客、観光客などのことです。すでに経験された方も、たくさんいるでしょう。

この帰宅難民の発生は、大都市特有の災害の顔であり、鉄道に依存していない地方都市の災害では発生しません。また、地震の発生時刻が早朝や深夜の場合も、帰宅難民は発生しません。但し、例外的に24時間活動している街（東京の新宿や六本木）などでは、早朝・深夜の地震でも帰宅難民は発生するでしょう。

阪神・淡路大震災は、朝5時46分に発生したために帰宅難民は発生しませんでした。また、新潟県の中越地震は夕方に発生しましたが、被災地域が鉄道に依存していない地方都市だったために、この大震災でも帰宅難民は発生していません。帰宅難民は、大都市に固有の新しい災害現象なのです。

東日本大震災で都内に帰宅難民３００万人

東日本大震災当日の3月11日、首都圏では地震発生直後から広範囲にわたって鉄道が止まり、大量の帰宅困難者が発生しました。都心部は、天井が崩落して死者が出た九段会館の事例などはあったものの、被害は限定的なものにとどまり、「被災地」とまでは言えません。その意味で、首都圏や東海、関西などの中心部が被災地となって発生が想定される「帰宅難民」とは、いくぶん質が違いますが、それでも震災によって大量の帰宅困難者が生じたのは確かです。

震災の当日に私が感じたのは、「ああ、やっぱり彼らは家に帰るのだな」ということでした。テレビの映像は、大きな混乱もなく、行列を乱さずに、スーツ姿の男女が粛々《しゅくしゅく》と歩いている様子を流していました。都心部から、埼玉県や神奈川県まで歩いて帰った人も少なくありません。震災当日に歩いて帰った人たちに話を聞いてみると、距離が長いのでスピードを上げて歩いていけない、すでに行列になっているので追い抜いたりもしにくい、お互いの事情も分かっているので何となく連帯感も生まれる、との声が聞かれました。だから「粛々」となったようです。

3月11日に帰宅難民はどれくらい発生したのでしょうか。正確な統計は取りようがありませんが、大まかな推計が可能になるような調査はなされています。東京大学助教の廣井悠氏、東洋大准教授の関谷直也氏が、サーベイリサーチセンター社と合同で、首都圏（東京都と埼玉、千葉、神奈川の三県）在住者2026人を対象にインターネットを通じて尋ねたデータが公表されています。それによると、当日に「自宅に帰れた」と答えた人が80・1％、「会社に泊まった」が11・6％、「会社以外に泊まった」が6・3％、「自宅に帰ろうとしたが途中で諦めた」が2％でした。地震の時に東京都内にいた人に限れば、帰宅できた割合は67・8％に下がります。地震当日、東京都内にいた人はおよそ1000万人と推定されるので、300万人以上が帰宅難民になった計算になります。

帰宅難民が発生した初のケース

2005年7月23日土曜日に発生した千葉県北西部地震は、日本で「帰宅難民」が発生した初のケースで、言ってみれば来るべき大地震で発生する帰宅難民の対応の「予行演習」でした。

翌24日の朝刊には「首都圏震度5　駅も街も大混乱　『帰宅難民』ぐったり」（毎日新聞）といった大きな活字がおどっています。この千葉県北西部地震は、前述したエレベーター停止や閉じ込め事故の他に、この帰宅難民も実際に発生させた典型的な大都市災害でした。幸いにも人的被害はけが人27名ですみましたが、まもなく襲ってくる首都直下地震など大都市地震災害の横顔をうかがわせるものではありました。

この地震の発生直後には、首都圏のＪＲや私鉄、地下鉄、新幹線が一斉に止まりました。この鉄道マヒによって首都圏全体で１４３万人に影響（24日付けの毎日新聞朝刊）がでました。夏の土曜日の夕方に発生した地震だったため、買い物客や観光客が帰宅できなくなり、各鉄道の主要ターミナルは大混乱に陥り、帰宅難民であふれました。

それでも、平日の昼間に起きた東日本大震災に比べれば、帰宅難民の数はだいぶ少なかったと言えます。

保安員が徒歩で点検

このとき、ほとんどの私鉄各線や都営地下鉄は間もなく徐行運転を開始して、ダイヤの乱れはあったものの、早期に復旧しました。しかし、目立った鉄道施設に被害が出ていないのに、京成線では3時間後、東京メトロ東西線では4時間後、JR京葉線では7時間後の午後11時半過ぎの運転再開となって、各社とも大きな非難をあびました。

なぜ、大きな被害がないのに、復旧にこんなに長時間かかったのでしょうか？

その要因は2つありました。1つは、土曜日だったため鉄道会社に勤務中の保安員の数が平日より圧倒的に少なかったことです。地震発生直後に各鉄道会社は非常招集をかけましたが、鉄道が動いていないうえに道路が大渋滞だったので、人手の確保に時間がかかったのです。もう1つは、震源地が千葉県北西部だったことから、東京メトロ東西線では荒川にかかる橋梁の徒歩点検が必要になったこと、JR京葉線はほとんど全線が高架なので同じく徒歩点検に時間がかかったことが挙げられます。

鉄道会社が徒歩点検を実施する基準は、沿線に設置された地震計の記録に従っており、各鉄道会社ごとに違います。東京メトロでは、「100ガル以上の地震が記録された場合、全8線を緊急停止して徒歩巡回を実施する」ことになっています。この地震の際には、6カ所に設置されている地震計のうち、千葉県市川市内の地震計で101ガルを記録したため、最高レベルの規制がかかりました。そこで、全線で徒歩巡回を行う必要が生じ、荒川の橋梁の点検に時間を要しました。

緊密なネットワークが裏目に

首都圏には東京駅や新宿駅、渋谷駅など複数の路線が集中している大ターミナルがあります。こうしたターミナルでは、路線ごとに復旧時間が異なるために乗り換えができなくなり、混乱が増幅するケースも出てきます。さらに、最近の首都圏の鉄道は、私鉄と地下鉄が複雑に相互乗り入れをしていて、路線延長により、驚くほど長い首都圏鉄道路線ネットワークが形成されています。そのため、路線ごとに復旧時間が異なると、各所で折り返し運転を余儀なくされ、路線全体の復旧に多くの時間がかかることにも繋がっていきます。

この懸念が現実になったのが、東日本大震災でした。震災当日の3月11日、地震発生直後から首都圏の全列車を止めたJR東日本が、その日の運休を早々に決定しました。この対応には、石原慎太郎都知事が「早々に駅のシャッターを閉めて構内にいた人を外に出した。（JR東日本を）私は許せない」と述べるなど、批判が続出しました。

一方、JR東日本の清野智社長は「列車が動かない状況で、乗客が駅構内に集まると混乱する。本数を減らして運行すると、かえって駅が大混乱になる」と釈明しています。どちらの立場を是とするかは判断の分かれるところですが、都心部に300万人の帰宅難民が発生していた状況では、その日のうちに輸送しきれないほどの乗客が集まったであろうことは想像がつきます。

復旧の見通しが立たない状態で、多くの乗客に待ちぼうけを食わせても良いのか。乗せきれない乗客が発生するのは承知の上で、早めの運転再開を目指すのか。どちらを選んでいたにせよ、大混乱は避けられなかったでしょうし、JR東日本は批判を免れなかったでしょう。とはいえ、首都圏の鉄道輸送の根幹であり、郊外へ向かうほとんどの私鉄をつないでいる山手線が運休してしまったことが、多くの帰宅難民を生んだ大きな原因であることは間違いありません。

3月11日当日に、都心の鉄道でもっとも早く復旧したのは地下鉄銀座線でした。しかし、銀座線が発着する渋谷駅に着いても山手線は走っておらず、渋谷駅に乗客が溜まってしまい、大混乱が発生しました。

首都直下地震では帰宅難民650万人！

では、この本を読んでいる今も含めて今後30年以内の発生確率が70％とされている首都直下地震、すなわち東京湾北部地震（震源地：荒川河口　規模：M7・3前後）が発生した場合、どれくらいの帰宅難民が発生するのでしょうか？　内閣府中央防災会議の首都直下地震被害想定結果を見ると、冬の午後6時に地震が発生した場合、なんと首都圏で約650万人、東京都内で約390万人の帰宅難民が発生するという想定になっています。

大地震の後、首都圏でこの650万人もの人々が帰宅できずに、駅やその周辺に滞留する光景を、あなたは想像できるでしょうか？　というより、あなた自身がその帰宅難民のなかにいるかもしれません。

また、東京都が実施した「首都直下地震による東京の被害想定」（平成18年5月 東京都総務局）では、震度5強の場合に都内全体での外出者（都内滞留者）約1144万人のうち、34％に当たる約392万人が帰宅難民になると予測しています。この数字は、東京で震度5強を記録した東日本大震災での帰宅難民数の推定300万人と、概ね近い推計になっています。方面別の帰宅難民の想定数を見ると、埼玉県方面約89万人、神奈川県方面約85万人、千葉・茨城県南部方面約79万人となっています。東京という街が、いかに首都圏全体から多くの人々を集めているかがわかります。

東京都では、地震発生後に都内の主要ターミナルで発生する帰宅難民の数も駅別に想定しています。帰宅難民発生ターミナル・ワースト5を挙げてみると、第1位が東京駅で約14万2000人と圧倒的に多く、第2位が渋谷駅の約10万3000人、第3位が新宿駅の約9万1000人、第4位が品川駅の約8万9000人、そして第5位が池袋駅の約8万5000人となっています。国立競技場の観客収容人数は約5万人ですから、約9万人から14万人というと、それぞれの駅で国立競技場の収容人数のおよそ2〜3倍の群衆が発生する、ということになります。

帰宅難民発生の2つの要因

帰宅難民の中には、さまざまな人たちがいます。首都圏から東京へ通勤・通学している人、買い物に来ている人、旅行に来ている人々、そして海外からの訪問者もいます。中には遠方からの旅行客や外国人など、東京の地理に不案内な人もいるでしょう。東京都の被害想定では、観光やビジネスなどで国内各地から東京を訪れている人々が約55万人、海外からの訪問者が約７９００人としています。

こうした東京の地理に不案内な人々が、地震に遭遇して帰宅難民になったら、いったいどのような行動をとるでしょうか。想像してみてください。各駅は「いつになったら電車は動くのか」「どこへ行ったらいいのか」と駅員に食い下がる人々、タクシーなど代替交通手段を探しまわる人々で溢れかえるでしょう。しかし、代替交通機関などあるわけがない状況ですから、駅周辺は大混乱になります。大きな余震でも襲ってくれば、この群衆がパニック状態になるかもしれません。東京が直接の被災地になったら、その時ばかりは「粛々と」とはいかない可能性もあります。

なぜ帰宅難民が発生するのかを考えてみましょう。

帰宅難民が発生するのには、2つの要因があると思います。1つは、もちろん地震が起きて鉄道などの交通機関が停止して、帰宅手段を失ってしまうことです。

もう1つは、「帰宅しなければならない理由」があることです。何を言っているのか、と思われるかもしれませんが、地震が起きて交通機関が停止しても、帰宅しなくてもいい人は帰宅難民にはなりません。では、帰宅しなければならない人とは、どのような人のことを言うのでしょうか？　それは、地震によって家族の安否がわからない人、自宅が崩壊する等の被害にあってしまった人、家族が大けがをするなど被害状況がわかって、不安で心配でいても立ってもいられない人、などです。これに、「全く情報が取れない人」も加わります。

もし、家族の安否が確認できて、安心な心理状態に置かれれば、交通機関の復旧見通しがわかるまで、無理して帰宅しなくてもいいわけです。その場合は、会社に戻るなり、そばの公園や避難所へ身を寄せるなりして、すぐに帰宅するという選択肢をひとまずは放棄する可能性が高いと思われます。

そう考えると、帰宅難民対策のカギは、地震直後の家族の安否情報にあることがわかります。そして、当然のことですが、自分が帰宅する方向の鉄道などの交通機関の復旧見通し情報が、いつわかるかが重要です。

20年以上前から議論

帰宅難民が最初に取り上げられたのは、今から20年以上前のことです。東京に大地震が来たとき、新宿西口の超高層ビル群から一斉にサラリーマンや買い物客が帰宅しようとしたら、新宿駅が大混雑になって対応できないので、ビルごとに退社時間をずらすなどの対応策を地元の協議会で検討したのが帰宅難民対策の始まりです。この時の協議会には私も参加しました。

近年、首都直下地震が切迫していることから、東京都の地域防災計画で帰宅難民の対策が取り上げられ、国の中央防災会議でも首都圏全体の問題として帰宅難民が取り上げられています。

先にも触れた通り、東京都の地震被害想定では、昼12時に地震が発生した場合、通勤・通学・買い物客などを合わせて都内で約392万人の帰宅難民が発生するとしています。大震災が発生した場合、最低3日間は交通機関や救援・復旧体制が整わない可能性が高い、とされています。その場合、帰宅難民は徒歩で自宅まで帰らなければならなくなるため、東京都などでは帰宅難民のための帰宅支援対策を実施しています。

帰宅支援ステーション

首都直下地震が発生し、首都圏の鉄道などの交通機関が全面停止、自動車利用も禁止になった場合、帰宅難民の人々がどのような行動をとるかも想定されています。

震災直後の都内にいる外出者（都内滞留者）は、全体で約1144万人いるとされますが、地震直後の彼らの行動は次の通りです。まず、全体の37％の約423万4000人が「しばらくその場にとどまって様子を見る」、つぎに32・5％の約371万9000人が「何としても自宅に帰ろうと努力する」、そして21・1％の約241万4000人が「移動するのはあきらめるが、連絡をとろうと努力する」、そして8・3％の約95万人が「近くの駅に行って様子を見る」となっています。

この「何としても自宅に帰ろう」とする人々のための帰宅支援対策として、毎年9月1日の「防災の日」や、1月17日の「防災とボランティアの日」に、実際に都心から自宅まで歩いて帰る訓練が行われています。東京都では、都内の幹線道路16路線を「徒歩帰宅支援対象道路」に選定し、帰宅支援対象道路から2km以内の都立学校と東京武道館を「帰宅支援ステーション」として位置づけています。ここでは水、トイレ、情報などを提供することになっています。また、この帰宅支援対象道路沿いの郵便局、及びガソリンスタンドやコンビニエンスストアーなど、公共性の高い民間施設もボランティアで帰宅支援に参加しています。

関西圏でも、大地震が発生した場合、多くの帰宅難民が発生することが想定されています。関西広域連携協議会（関西の2府7県4政令市と経済界が加盟）とコンビニエンスストアー・外食事業者12社は、「災害時における帰宅困難者に対する支援に関する協定」を締結しており、2005年4月1日から災害時帰宅支援ステーションの支援活動を、関西2府5県域の約6000店舗でスタートしています。

帰宅支援ステーションには、統一ロゴのステッカーが貼られており、英語、中国語、韓国・朝鮮語でも表示されています。ちなみに英語では、「During a natural disaster, we will assist those who have to walk home」と書かれています。

支援の内容は、①水道水の提供、②トイレの提供、③道路情報の提供、です。

支援ステーションの落とし穴

こうした帰宅難民への支援策には、実は大きな落とし穴があります。

帰宅支援ステーションに指定されているコンビニエンスストアーは、ほとんどが24時間営業を行っていますので、いつ地震が発生しても店舗は営業中の状態にあります。しかし、店員さんはアルバイトの若い子がほとんどです。協定では、コンビニの店舗が帰宅支援ステーションになっていて、ステッカーも貼ってありますが、協定の内容を理解した店員さんが大地震発生時に店にいるとは限らないのです。筆者は事務所近くのコンビニで店員さんに聞いてみたことがありますが、「そんな話、聞いていないよ。冗談じゃない、地震が来たら自宅へ帰るよ。もし残っていたとしても、地震が発生しているんだろ。いつまで店にいればいいんだ？」と言っていました。帰宅支援ステーションとされているコンビニ等で、店員さんへの支援対応教育が、必ずしも万全ではないことがうかがえます。

また大地震発生時のコンビニ店内は、棚から商品が飛び出し、床には割れたガラス瓶や商品が散乱しているのが普通です。店員さんがケガをすることもあるでしょうし、なにより店員さんが一目散に自宅へ帰ってしまう可能性があります。すると、帰宅支援ステーションのはずのコンビニが無人になってしまいます。

さらにほとんどのコンビニエンスストアーは、24時間営業が前提で作られていますので、原則シャッターというものがありません。無人でシャッターが下りていないコンビニ店舗に、支援を求めて多くの帰宅難民が押し寄せた場合、何が起こるでしょうか？　せっぱ詰まった帰宅難民たちが、店内の商品を持っていってしまうこともあり得ないことではないと思います。そうならないことを、信じたいと思いますが。

水道やトイレを提供できるのか

震災時、コンビニでは水道水の提供をすることになっていますが、この場合、コンビニ店舗で商品として販売しているペットボトル入りの飲料水やお茶などは、提供対象外です。多くの場合、地震の後は水道が断水します。本当に水道水を提供できるでしょうか。井戸を備えたコンビニ店舗はどれほどあるのでしょう?

つぎにトイレです。コンビニ店舗内のトイレは、当然水洗ですから、断水時には使用できなくなります。断水時に備えた水が用意されているのでしょうか。

最後に道路情報の提供ですが、店舗周辺の道路状況なら、ある程度は提供できるでしょう。しかし、それ以上の道路情報の提供は困難だと思います。この情報提供支援には、各店舗にラジオを設置することを加えてほしいと思います。地震発生時には、このラジオのボリュームを最大にして、帰宅難民に道路状況などの情報を提供するわけです。

もう1つ大きな問題があります。コンビニなどの帰宅支援ステーションが入っているビルが、既存不適格の建築物である場合です。1981年以前に建てられた建物は、耐震性に大きな問題があります。その場合は、建物自体が崩壊していて、支援ステーションが存在していない可能性もあるわけです。

こうした地震後の現実を見てみると、現在の帰宅支援ステーションのあり方は再検討しておく必要があると思います。むしろ、せっぱ詰まって帰宅を急いでいる帰宅難民たちが、「帰宅支援ステーションには水がある」「トイレがある」「情報もある」という期待を抱いている場合が、実は怖いのです。期待を裏切られた場合、多くの帰宅難民が強奪などに走る可能性が高くなるからです。

帰宅支援ステーションに指定されているガソリンスタンドの安全性も、十分検討していただきたいと思います。阪神・淡路大震災時には、たまたまガソリンスタンドの手前で火災が止まったり、液状化危険地区にガソリンスタンドが存在していなかったりしたことで、「ガソリンスタンドは地震に強い」という考えが世間に広がりました。しかし、本来ガソリンスタンドは、ガソリンという危険物が大量に備蓄されている「危険物取り扱い施設」であることを忘れてはいけません。

東日本大震災の際には、学校や公共施設などが帰宅支援ステーションとして開設されているという曖昧な情報をもとに、多くの帰宅難民が押し寄せました。私が生出演した

2011年4月12日放送のNHK『あさイチ』では、東京都新宿区内のある都立高校の例を取り上げました。この高校では、まだ生徒が学校にいる時間に大きな揺れが襲ったことから、まず生徒の安全を確保しているところに、新宿駅方面から続々と大勢の帰宅難民が押し寄せてきました。この学校の関係者は、学校が帰宅支援ステーションに指定されていることは知っていましたが、具体的な対応策はとっていませんでした。帰すわけにもいかないことから、体育館を帰宅困難者に開放し、学校にあった毛布などを急遽提供することにしました。

都庁でも1階ロビーを開放したり、多くの民間施設でも人道的な対応として施設を開放し、当日一晩帰宅困難者を収容していました。東京都教育委員会では、3月11日、14日、17日に全都立学校で帰宅支援ステーションを開設し、地震発生当日は合計で5987人の帰宅困難者を受け入れました。しかし、現場では大混乱が起きており、支援ステーション運営の困難さが浮き彫りになる形となりました。

「帰宅支援マップ」をアテにするなかれ

帰宅難民が自宅に徒歩で帰宅するための手引きが本になって売られています。『震災時帰宅支援マップ——歩いて帰る』（昭文社刊）がそれで、ベストセラーになっています。読者の皆さんの中にも、すでに購入済みの方もいらっしゃるかもしれません。

内容は、地震発生後に帰宅難民になった人々が、自宅までの帰宅行動を起こす際に必要な情報を掲載しています。東京都選定の帰宅支援対象道路を中心に、帰宅支援ルート・路線ごとに地図が帰宅方向（都心から郊外へ）に展開され、その路線周辺の帰宅支援ステーション（コンビニ・ガソリンスタンドなど）、ベンチなどの休憩所、徒歩1時間の標準距離である3kmごとの距離表示など、帰宅時に必要な情報が地図上に表示されています。

さらに、最新版には帰宅路線の周辺での火災危険度、建物倒壊危険度など、道路の予想危険情報を表示しています。地震が発生した場合の歩行困難度を色分けした路線に、建物倒壊、火災、液状化現象、道路の段差などの歩行注意情報や、歩く上での目安になる景観、沿道状況を示す情報も掲載されています。

しかし、実際の震災時には、ここに書かれていない様々な状況が発生する可能性があります。指定されている帰宅支援ルート上の橋が崩落していれば、大きく迂回するルートをその場で判断しなければなりません。道路は多くの車で渋滞して、火災を起こしている場合もあります。

私は、テレビ局の企画で、一般の方に帰宅難民になっていただき、都心から実際の自宅まで一緒に歩いてみる、という番組を何回もつくっています。その経験で言うと、シミュレーションではあっても実際に歩いてみると、誰もがまずその距離に驚きます。そして、体力の限界を感じたり、火災や橋の崩落などの被害を想定した帰宅ルートをとってみると、方向感覚が狂い迂回路がまったくわからなくなってしまったりします。「いや、オレは今回の震災で、そんなこと骨身に沁みて分かってるよ」とおっしゃる方もいらっしゃるでしょうが、実際の大震災では、一瞬のうちに街の姿が変貌してしまいますので、平常時の情報が役に立たない状況も十分に考えられるのです。

帰宅支援マップで把握できる情報は、あくまでも「平常時のもの」と割り切って下さい。ルートが頭に入っている方が良いのは当然ですが、鵜呑みにしては危険です。実際に地震が発生した場合には、携帯ラジオからリアルタイムに「この橋は大丈夫」「こっちの道路はふさがっている」といった情報を取得して、安全な帰宅ルートを判断しなくてはなりません。帰宅難民になる可能性がある方は、携帯電話をワンセグ対応にしておくと情報収集に役立ちます。

帰るも地獄、残るも地獄

実際の震災時には、想像を絶する現実が目の前に広がります。多くの建物が崩壊し、火災も起きます。直下型の地震では、強い余震が数多く発生して、半壊の建物が倒壊していきます。街の中には、血を流した人や生き埋めになった人たちが、至るところで見受けられるでしょう。阪神・淡路大震災直後にも、同じような現実がありました。映像がショッキング過ぎてテレビではあまり映っていませんでしたが、あちこちにご遺体が放置されたままの地区もあったのです。

東京都の首都直下地震被害想定を見ると、環状7号線から環状6号線沿道の地域は、建物倒壊や出火の危険度が高くなっています。都心から甲州街道や青梅街道などの幹線道路を使って西方面へ帰宅する場合は、この大火事の現場を命がけで突破していかなければなりません。こんなリスクを負ってまで、どうしても地震直後に帰宅する必要があるのでしょうか？

もう1つ、まったく議論されていない視点があります。それは、都心に通勤、通学している人の家族が、安否がわからない家族が心配になり、郊外の家から都心へ向かう可能性が高いことです。郊外から都心へ向かう人の流れが発生するわけです。阪神・淡路大震災の時も、地震発生直後から多くの人が神戸方面に向かいました。

下り方向に向かう帰宅難民の議論はありますが、上り方向で被災地へ向かう人の流れについての議論は全くなされていません。大地震が発生した際には、環状線で都心への流入を制限する計画になっていますが、これは車の流入規制が主な目的です。人の流入規制は、果たして可能でしょうか？

また、帰宅難民が家族の安否を確認できて、ひとまず帰らずに都心部に留まっていても、後述するように、避難所が満員で雨風を防ぐこともままならない状況も想定されます。帰宅難民は今度は、「避難所難民」になる可能性が高くなります。

大都市を襲うほんとうの大震災は、帰るも地獄、残るも地獄なのです。それでも、その地獄の中を生き延びていかなければならないのです。

帰宅難民は帰るな！

阪神・淡路大震災の時、生き埋めになった人たちが何人も助け出されています。実は、消防や警察、自衛隊のレスキュー隊に助けられた人は、ごくわずかでした。救出された方々の80％以上は、ご近所の方々に助け出されているのです。

最近、帰宅難民対策が叫ばれる中で、災害時に帰宅する方法等が強調されすぎているように感じています。実際、東日本大震災の当日は、8割以上の人が帰ろうとしました。しかし、首都圏は被災地ではありませんでした。全交通機関がストップするような大地震が発生すれば、都心部では多くの建物が崩壊して、生き埋めになった人々が何人も救出を待っているに違いないのです。ビルのガラスが大雨のように降ってきて、顔だけでなく体中にガラスが突き刺さっている人もいるでしょう。地震直後に消防、警察、自衛隊などのレスキュー隊が被災現場に来ることはほとんど期待できません。あなたは、こうした被災者を見捨てて帰宅することができますか？

阪神・淡路大震災の時には、多くの被災者が近所の住民に助けられました。しかし、大都市の駅周辺には、そういう「近所の住民」はほとんどいません。その代わり、帰宅できなくなった多くの帰宅難民がいます。そうであれば、帰宅難民に阪神・淡路大震災時の近所の住民の役割を担って貰えば都合が良いのです。というか、そうしないと、助かる被災者も助からなくなってしまいます。

そこで、被災者の命を救うための筆者からの提案です。帰宅難民は、無理に自宅に帰ろうとしないでください。そこに留まって、被災者の救助救出に当たってください。

家族の安否がわからない方、家族がケガをしていることがわかった方、家が崩壊しているとの連絡を受けた方など、どうしても帰宅しなければならない人は、誰が止めても帰宅行動を起こすと思います。それ以外の帰宅難民は、どうぞそこに留まって、生き埋めになった人々やケガを負った人々の手当に当たってください。そうしないと、多くの人が死んでしまいます。

そして被災地に留まって命を救うために、救命救急指導を近くの消防署などで是非受けてください。心肺蘇生方法やＡＥＤ（自動体外式除細動器）の使用方法、応急手当の訓練を受けてください。

救命救急には、「ゴールデン72時間」という言葉があります。被災して重傷を負った人の救命は、被災から72時間が勝負ということです。被災してから72時間を経過すると、救命率がガクッと下がります。レスキュー隊が到着する前に、誰かが救命措置をすることで、多くの命が救えます。

血だらけになった人には、誰でもできる圧迫止血を施せば、最悪の事態は避けられます。圧迫止血とは、血だらけの患部をハンカチなどでぬぐって傷口を見つけ、そこを別のハンカチなどで傷口の上から圧迫して出血を止めることです。女性の生理用ナプキンで圧迫止血ができれば最高です。ナプキンは血を吸い取ることはお手のものですし、なにより清潔です。出血が大量の場合は、まず心臓に近い部分をネクタイなりストッキングなりできつく縛ってください。こうした心肺蘇生法や応急手当の方法は、震災時だけではなく平常時にも十分に役立ちます。できれば会社ぐるみで救命救急講習会を受けていただければと思います。

そしてなにより、「声をかけて元気づける」「手を握ってあげる」を実践してください。それこそが、誰でも簡単にできる被災者への応急手当であることを覚えておいてください。

大都市での大震災時に命を救えるのは、帰宅難民になったあなたなのです。

第4章　避難所難民はどうすればよいのか

東京ドーム12個分のスペースが不足

中央防災会議の首都直下地震被害想定によれば、東京湾北部地震が最悪のタイミング（冬の午後6時、風速15ｍ）で発生した場合、家屋倒壊、火災などによって、東京都、神奈川県、埼玉県を中心に約７００万人の避難者が発生する、と想定しています。

そのうちの２４０万人は親類や知人宅などに避難しますが、残りの約４６０万人は避難所で避難生活を余儀なくされる、となっています。４６０万人という数字は、名古屋市の人口（２２６万人、２０１１年4月1日現在）の2倍以上です。

では、４６０万人もの避難者を収容する避難所は整備されているのでしょうか。

東京都の被害想定では、首都直下地震（Ｍ７・３）が発生すると、１日後に23区内で約３５５万１０００人が避難者になります。そのうち自宅が被災して避難所へ向かう避難者は約２３１万人と想定しています。東京都によると、区部で公立の小中学校など避難所として使用できるスペースは約３２６万５０００㎡あり、単純に割ると１人当たりの避難所スペースは約１・４㎡となります。これまでの災害時の実績から見ると、避難所で寝るスペースは２人で最低３・３㎡（畳２畳分：１人当たり１・65㎡）が必要です。

ちなみに、この数字には通路などのスペースは含まれていません。ということは、23区内の避難スペースはまったく不足していることがわかります。

２３１万人が避難所に避難する場合、どれくらいのスペースが不足しているかを計算してみましょう。１人当たりの最低必要避難スペースを１・65㎡として、２３１万人を掛けると３８１万１５００㎡です。しかし、使用できる避難所スペースは３２６万５０００㎡ですから、不足分は約54・65万㎡となります。これは、なんと東京ドーム（面積約４万６７００㎡）12個分近くです。それだけの避難所スペースが不足しているのです。

避難所難民２６５万人

もう１つ、大問題があります。帰宅難民のうち、帰宅をしない人はいったいどこへ行くのか、という点です。

首都直下地震が発生した場合、東京都では、主要な橋梁30カ所で重大な障害が発生し、駅ターミナルにも被害が発生すると想定しています。鉄道などの交通機関は、地震後当分は回復しないでしょう。この間、帰宅できない帰宅難民は、駅や公園でジッと待っていられるでしょうか。雨でも降ってくれれば、近くのビルに逃げ込むこととなるでしょう。そして、避難所が開設されれば、食料や水をもらいに、当然避難所へと向かうことでしょう。しかし、避難所は原則、その地域の住民で家屋が全壊、焼失して住まいを失った人のために開設されるものですから、帰宅難民のための避難所はありません。

では、帰宅難民のための避難スペースが、どれくらい必要になるのかを試算してみましょう。

第3章ですでに言及した東京都の被害想定によると、東京都全域で約392万人が帰宅困難となりますが、そのうち23区内で帰宅困難になる人が約345万人を占めています。このなかで、「何としても自宅に帰ろうと努力する」が全体の32・5％いると想定されていますので、これ以外の67・5％の帰宅難民が避難所に向かうとしてみましょう。

彼らの内訳は、「しばらくその場にとどまって様子を見る」（約128万人　54・9％）、「近くの駅に行って様子を見る」（約29万人　12・4％）、「移動するのはあきらめるが、連絡をとろうと努力する」（約73万人　31・3％）、「その他」（約4万人　1・6％）で、合計約233万人となっています。

２３３万人が避難所へ向かうとすると、この人々を収容するために必要な避難スペース（１人当たり１・65㎡）は約３８４万５０００㎡となり、現状の避難スペースにこの帰宅難民を収容した場合でも、すでに約58万㎡が不足します。

そもそも避難所に収容すべき被災者32万１０００人分の収容スペースも不足しているわけですから、２３３万人の帰宅難民が避難所へ向かったところで、絶対に収容できない計算になります。単純に足せば、避難所難民が２６５万１０００人も発生することになります。

では、帰宅難民はどこに行ったらいいのでしょうか。

耐震性に不安のある避難所も

少々不安なデータがもう１つあります。

文部科学省の調査によると、地震が発生した場合に避難所になる全国の公立小中学校の校舎や体育館のうち、耐震化が済んでいる割合が、73・3％にとどまっていることです（２０１０年４月１日現在）。避難所の３割近くが、地震発生時に倒壊の危険があるわけです。つまり、避難スペースは想定数より少なくなっている可能性が高い、ということです。

この文部科学省の調査によると、全国の公立小中学校12万4238棟のうち、耐震性がない、または耐震診断未実施の建物が3万3134棟あります。耐震化率のトップは神奈川県の96・1％、次いで静岡県の94・3％、宮城県の93・5％、三重県の92・1％、愛知県の91・9％の順になっています。逆に最下位グループの山口県、広島県、茨城県、長崎県の4県は、50％を超えるレベルでとどまっています。近年、地震対策が進んできていることもあり、耐震化率はだいぶ上がってきました。文部科学省では、「今後も公立学校施設の耐震化を推進するとともに、個別の設置者に対し、耐震診断の実施及び結果の公表を強く求めていく」としています。就業時間内に地震が発生した場合、校舎や体育館にいる生徒、児童や教職員の生命が脅かされることも、忘れてはならない点です。

なぜ避難するのか

地震発生後に、避難しなければならないのは、どのようなケースでしょうか？

まず、津波警報や注意報が出た場合です。津波は一瞬のうちに沿岸を襲ってきます。東日本大震災は、その恐ろしさをまざまざと見せつけました。南海トラフ沿いに発生する東海・東南海・南海地震の場合も、数分で巨大津波が襲ってくる可能性が高いと考えられます。気象庁が発表する津波警報が間に合わないケースも考えられますので、沿岸住民や海水浴客などは、地震の揺れを感じたら、すぐに高台や鉄筋コンクリート造りの建物の上層階に避難してください。

地震によって家屋が倒壊したり、火災で家を失ったりした場合は、避難所に避難しなければなりません。ただ、一部損壊でなんとか自宅で生活ができそうなら、無理して避難所へ避難をしなくても良いと思います。電気やガス、水道が止まってしまうので、水や食料は避難所から供給を受ける必要がありますが、自宅で避難生活を送れるなら、その方がよいでしょう。

但し、余震がありますので、十分に注意してください。その安全性を判断するために、地震後に応急危険度判定が行政によって実施されますので、その結果を見て避難するかどうかを判断してください。安全性が確保できたならば、可能な限り自宅で避難生活することをお勧めします。避難所は狭く、プライバシーの確保が困難で、なにより他人と一緒のざこ寝はストレスが著しく溜まります。

応急危険度判定

応急危険度判定とは、行政から依頼され、訓練を受けた応急危険度判定士という専門家が、あなたの家の安全性を判定することです。大地震により被災した建築物を調査し、その後に発生する余震などによる倒壊の危険性や外壁・窓ガラスの落下、付属設備の転倒などの危険性を判定することにより、人命にかかわる二次的災害の発生を極力防止しようとするものです。

判定結果は建築物の見やすい場所に張り出され、居住者はもとより付近を通行する歩行者などに対しても、その建築物の危険性に関する情報が提供されます。また、これらの判定は建築の専門家が個々の建築物を直接見て回るため、被災建築物に対する不安を抱いている被災者の精神的安定にもつながると言われています。

判定結果は、3色の紙（判定ステッカー）で明示されます。その色で危険度が判断されます。判定ステッカーの色は、赤、黄、緑の3色です。自宅に赤か黄色の判定ステッカーが貼られたら、避難所などに避難する必要があります。

赤色は、「危険（UNSAFE）」です。「この建築物に立ち入ることは危険です。立ち入る場合は専門家に相談し、応急措置を行った後にして下さい」という判定結果ですから、絶対に立ち入らないでください。

黄色は、「要注意（LIMITED ENTRY）」です。「この建築物に立ち入る場合は十分注意して下さい。応急的に補強する場合には専門家にご相談下さい」という判定結果ですので、十分な注意が必要です。

緑色は、「調査済（INSPECTED）」で、「この建築物の被災程度は小さいと考えられます。建築物は使用可能です」という意味を表していますから、安心して下さい。

避難所の環境が劣悪なので……

日本の被災者は、地震などで家を失うと、基本的に、

①学校などの避難所に避難する

②仮設住宅（または空き公営住宅等）で仮の生活を行う
③復興住宅あるいは自力で家の再建をする
という流れに乗って生活を立て直していきます。このプロセスは、災害対策基本法や災害救助法という法律を基に、各自治体の地域防災計画のなかで定められています。仮設住宅へ入居せず、親戚の家や知人宅へ一時的に身を寄せたりする例もありますが、ほとんどの被災者は、この三段ステップに従って避難生活を送ることになります。この単線路線に乗っている限り、被災者は税金で支援が受けられるからです。

前述の通り、米国では被災者に対し、復興のために直接使用できる現金などが渡されています（小切手やキャッシュカードなど、形態は様々ですが）。この場合、被災者それぞれが各自の判断で、アパートを借りるなり、引っ越しを決断するなりできます。日本の災害救助法では、原則、被災者個人に現金（税金）を支給することはせず、仮設住宅などの「物」を支給することになっています。そのため、仮設住宅が建設されるまでは、ほとんどの被災者が、狭くてプライバシーのない避難所で、長期の辛い避難生活を余儀なくされるのです。

このため、最近の地震災害の際には、避難所での避難を避け、自家用車での避難生活を送る人が増えてきています。車で避難生活を送っている方に聞いてみると、避難所は①家族の専有面積が狭くてプライバシーが確保できない、②寒すぎる、ないしは暑すぎるなど、室温が適切でない、③睡眠がとれない、④他人と同居することが耐えられない、などの理由が挙げられています。

私も災害のたびに、避難所で被災者と一緒に何泊か過ごさせていただいていますが、ほんとうに辛いです。読者の中には、避難所生活をご経験になった方もおられると思いますが、日本の避難所は、憲法で保障されている基本的人権が無視された空間だと思います。「災害が起きたのだから我慢しろ」との意見もありますが、避難所の環境整備はもっと考慮すべき問題だと思います。

それに比べれば、車内での避難生活は遥かに快適です。ＲＶ車など大型の車であれば、さらに快適な避難生活が送れるでしょう。自分の車ですから、プライバシーは確保されています。窓ガラスにカーテンを付ければ、女性が着替えることもできますし、夜には遮光もできます。鍵をかければセキュリティも万全です。エアコンも付いていますから冷暖房の調整も可能です。情報はラジオからいつでも取れます。チューナー付きのカーナビが装備されていれば、テレビも見ることができます。リクライニングシートを倒せば、ベッドも確保できて、いつでも好きなときに睡眠がとれます。もちろん雨風も防げます。100Vへ変換するコンバーターを付ければ、シガーライターから電気を取り出してパソコンも使用できます。車の中は、あなたや家族だけの最高の環境を提供してくれる避難空間になります。

しかし、こうした車内避難にも大きな落とし穴があります。

車内避難で「エコノミークラス症候群」

2004年10月23日に発生した新潟県中越地震の際、私は日本テレビの夕方の臨時ニュース番組に生出演しました。その後、19時過ぎに取材クルーとともに東京・汐留を出発し、地震発生翌日の午前1時頃、被災地に到着しました。関越自動車道は新潟県内に入ったところで通行止めになっていたため一般国道を走ったのですが、こちらも地震によるがけ崩れや道路崩壊などで、何度も迂回を余儀なくされました。結局、被災地である小千谷市に到着したのは、東京を出発してから6時間あまり後のことでした。

被災地に近づくと、停電で全ての街路灯が消えています。その暗闇のなか、道路上にはヘッドライトをつけた車が、ぽつりぽつりと目につくようになります。その数は、被災地の中心に近づいていくに従って増えていきました。夜になると気温も下がってきますから、被災者たちはたき火をしてその周りで暖をとっています。彼らにインタビューしてみると、「余震が怖いから、避難所などの建物には入りたくない。車を車庫から出して、ラジオで地震情報をとっているんだ」と言っていました。

翌日には、小千谷市内の小中学校の体育館などに被災者が集まりだしました。まだまだ強い余震が襲ってくるため、避難所の建物の中には怖くていられません。校庭は多くの車でいっぱいになっていました。避難所の校庭には、全ての被災者の車を収容することはできないのです。しかたなく自宅へ戻っていく車もありました。

車内避難の第一の問題はまさにこれで、避難所になる小中学校の校庭に収容できる車の数には限りがあることです。阪神・淡路大震災の時も、ほとんどの避難所の校庭、空き地には車があふれていました。あちこちで超満車状態が続いていたため、奥に駐車した車は校庭外に出られず、被災者同士の小競り合いがあちこちで発生しました。ニュース映像などで港に輸出車がギッシリ並べられている映像をご覧になったことがあると思いますが、まさにあの状態が避難所の校庭に出来上がっていたのです。

第二の問題は、新潟県中越地震で初めて確認されました。車内に避難していた人たちの間に、「エコノミークラス症候群（深部静脈血栓症）」が現れたのです。

エコノミークラス症候群（最近では「ロングフライト症候群」とも呼ばれています）とは、国際線のエコノミークラスで移動する場合のように、狭いシートで長時間ジッと座っていた後に発生する症状です。飛行機の機内では、乾燥しているために体内の水分が減り、血液の濃度が高くなって粘性が増します。それに加え、ふとももの付け根や膝の裏側の血流が抑えられているので、足の静脈に血のかたまり（深部静脈血栓）が出来やすくなります。この血栓が、立ち上がって歩き始めた時に血流に乗って肺に流れ着き、そこで血管を詰まらせてしまうことがあるのです。正式には「急性肺動脈血栓塞栓症」と言い、呼吸困難から死に至ることもある怖い症状です。

新潟県中越地震の時には、車内に避難していた被災者が、車から出た瞬間に突然倒れ呼吸困難に陥る例が見られました。こうした症状を示す被災者が日を追って増えてきたため、「もしやエコノミークラス症候群では……」と疑ったドクターが診断を始めたところ、実際に次のような症例が報告されました。

・車で寝泊まりしていた新潟県川西町野口の主婦（48）が、10月28日、車を降りた直後に倒れ、死亡した。死因は肺塞栓症（通称エコノミークラス症候群）。同じ姿勢で長時間を過ごし、静脈にできた血のかたまり（血栓）が肺の動脈に流れ着いて、詰まったため。

十日町署の調べによると、主婦は28日午前6時ごろ、自宅前の公民館脇の駐車場に止めていた車を降り、車のハッチバックを開けておにぎりを取り出そうとしたところ突然倒れ、搬送先の病院で死亡が確認された。主婦は23日以来、昼は片付け、夜は自宅前の公民館駐車場に止めた車で夫（49）の両親、長女（11）と四人で車に寝泊まりしていた。自宅は家具が倒れた程度で、夫と二男（19）は自宅に戻ったが、主婦は「余震が怖い」と車で過ごしていた。三列シートの後ろに家族を寝かし、自分は運転席で休んでいた。26日には「目まいがする」と病院に行き、その晩は親類宅に泊まったが、27日には再び車に戻っており、その翌朝の突然死だった。

新潟県中越地震の被災者に「エコノミークラス症候群」が多発したことを受け、新潟大の医学部が、自動車などに一時避難した人を対象に調査を実施しました。調査には、同県小千谷市内などで避難生活を経験した１２５２人が回答。軽自動車で寝泊まりするなどした３８３人中15人（３・９％）、乗用車でも５５６人中22人（３・９％）に血栓が見つかりました。車中避難を経験せず、避難所だけを利用した人（１１７人中３人、２・５％）と比べると、約１・５倍の発生率になっています。

一方、ワゴン車に避難した人は、１９６人中２人（１・０％）に血栓が見つかっただけでした。この調査結果から見る限り、車内への避難はワゴン車などできるだけ大きな車に限った方が良いようです。

三陸の避難所でも発生

新潟大学医学部の榛沢《はんざわ》和彦助教が、東日本大震災で避難生活を送っている被災者６５

５人の足を調べたところ、約14％にあたる93人からエコノミークラス症候群を示す血栓が確認されたそうです。

榛沢助教は震災発生から約１週間後の３月19日に宮城県南三陸町に入り、４月12日までに石巻市など13市町の避難所を回って検診を実施しました。普段であれば高齢者などリスクの高い人を対象に調べても血栓が見つかるのは１％程度なのに、生活環境の悪い避難所では９人中４人が発症しているケースもあったそうです（『産経新聞』２０１１年４月21日付け朝刊より）。

今回の震災では被災者の数が多く、避難所も過剰収容気味になっているため、そもそもの１人当たりのスペースも少ないうえ、高齢者が多いことから運動も足りていないであろうことは、容易に想像がつきます。

水分をとらない被災者たち

エコノミークラス症候群が多発する原因に、水分をとらない被災者がたくさんいることが挙げられます。なぜ水分をとらないかというと、避難所の仮設トイレがあまりにも不潔で、被災者たちがトイレに行きたがらないという問題があったからです。

中越地震の際にエコノミークラス症候群で亡くなった48歳の女性も、生前、「トイレが気になる。なるべく水分をとらないようにしている」などと話していたことがわかり、新潟県知事が自ら「トイレは生命にかかわる問題」とコメントを出すほどに、事態は深刻なものと受け止められました。

避難所の仮設トイレを整備することは、エコノミークラス症候群を予防する意味でも、大変重要な課題なのです。

車中に避難したことで発症したエコノミークラス症候群は、①窮屈で無理な姿勢で長時間車中にいたこと、②十分な水分補給を行わなかったこと、③地震後、急激な環境の変化により心身共にストレスが溜まったこと、の3点に主な原因があります。

したがって、車内でのエコノミークラス症候群を防ぐために、つぎのような予防法を実践してください。

●シートに座ったままでできる予防法

1　足の指でグーを作る。
2　グーからパーにする。
3　つま先を床につけてかかとを上げ、背伸びの足にする。
4　かかとを床につけて、つま先をピンと上げる。
5　片足を曲げて膝をかかえ、つま先をもう片方の手で持ってぐるぐると足首を中心にまわす。この際、足の力は抜く。
6　ふくらはぎを軽くもむ。
7　立ったり座ったりを繰り返す。
8　外に出られる時には、広いところで体操などをする。適度な運動をすることが大事。ただし、気候には十分注意。雨の日などには無理をしない。

●その他のポイント

1　適度な水分補給をし、アルコールは控える。乾燥によって血液の粘度が高まり血栓が出来やすくなるのを防ぐ。

2　ジーンズなどは控え、ゆったりした服装を身につける。脚を締め付けるような服装は避ける。

3　適量の食事を摂る。食べ過ぎると胃や腸に血流が集中し、他の器官への血流が少なくなって、血栓の危険が高まるので要注意。適度な飲食は、血流を良くし、血栓予防になる。

都市型の避難システム

阪神・淡路大震災以降、日本のほとんどの自治体が、地域防災計画の見直しを行っています。この地域防災計画のなかには、地震が発生した時の避難計画も書かれており、避難所が指定されています。

阪神・淡路大震災の時には、多くの被災者が小中学校や公民館などへ避難したため、「地震発生、即学校へ避難！」という方程式が、全国の多くの自治体の地域防災計画に書き込まれました。そして、自治体によっては、学校を「防災拠点」と命名して、水・食料・毛布の備蓄に加え、医療拠点も同居させるなど、学校避難所で全てを完結させるところも出てきました。

映像を覚えておられる方も多いと思いますが、阪神・淡路大震災では、火災の煙はほぼまっすぐ上っていました。地震発生時の風速が弱く、延焼スピードが遅かったのです。それでも市街地では大火事が発生し、阪神7市で甲子園球場の約18倍の70 haが焼け野原になりました。

風速が弱くてもこれだけの市街地大火になったのには、いくつかの原因があります。数日間も火災が継続したこと、古い住宅が密集していたためにゆっくりとジグザグに延焼が拡大したこと、断水によって消防活動に支障がでたこと、交通渋滞によって消防車両が火災現場になかなか到着できなかったことなどです。

もし、地震発生後に、阪神地区特有の「六甲おろし」が吹いていたら、市街地大火の規模はこんなものではなかったでしょう。神戸の街は、北部に六甲山系を戴いており、ここから吹き下ろす六甲おろしが、火を煽りに煽ったに違いないのです。火災は東西に長く拡がる市街地だけでなく、南部の臨海部へも届いたでしょう。この臨海部は工業地帯で、石油コンビナートなど発火物や危険物が集中的に立地しています。火災に追われた被災者は、海の方向へと避難を余儀なくされます。その臨海部で危険物に火が入れば、爆発などを伴う大規模な火災が発生して「火の壁」ができてしまい、被災者は逃げ場を失っていたはずです。

津波の避難は「垂直」に

地震による市街地大火など火災からの避難は「水平避難」で、より遠くへ早く避難することが必要です。しかし、津波からの避難は「垂直避難」が原則で、早く高い場所へ避難することが必要となります。つまり津波避難は遠くへではなく、できるだけ早くより高台へ避難することが生命を救うことになります。津波を背に避難するのではなく、津波が襲ってくる方向とは関係なく直近の崖などを駆け上がることが生死を分けます。これまでの津波避難の目安としては、10m程度の高台や鉄筋コンクリートビル3階程度の高さへの避難が言われていましたが、今回の東日本大震災では津波は最大で30mを優に超えていますので、10階以上の高さへの避難が必要になります。

しかし、超高齢社会となった日本で、果たして30m、10階以上の高さへの避難が現実的なのか、これから議論が必要だと思います。

通電火災

神戸には大きな河川がありません。火災からの放射熱を避けるために、阪神・淡路大震災の時、大勢の被災者が海へ飛び込む、という地獄のような状況が発生してもおかしくなかったのです。こうした悲惨な状況は、実は１９２３年の関東大震災で発生した大火災の時に、実際に起きています。

関東大震災時の東京市と、阪神・淡路大震災時の尼崎市、神戸市など7市の市街地大火の被害データを比較してみましょう。

人口は、東京市が約２５０万人、阪神7市が約２８０万人でほぼ同規模です。出火件数は東京市が約１００件、阪神7市では約２００件と倍になっています。阪神・淡路大震災は、1月17日朝の5時46分という早朝に発生したにもかかわらず、関東大震災の2倍もの出火が起きています。その出火原因に「通電火災」がありました。

独立行政法人消防研究所（現・消防大学校消防研究センター）の調査によると、後に判明した出火原因のうち、48・9％のケースで「電気」が関係していました。地震によって倒壊した建物の中には、スイッチが入ったままの電熱器具が埋もれた状態になっているものがありました。そこに、関西電力が早期復旧を目的に通電したため、スイッチがオンになっていた電熱器具が発熱、漏洩ガスや家財・カーテンなどの内装材に引火して火災になったのです。

驚いたのは、熱帯魚のヒーターが地震によって水槽から飛び出し、この外に出たヒーターが通電とともに熱を持って、そばにたまたまあった紙などに引火して火事になったケースがあったことでした。

この「通電火災」は、阪神・淡路大震災で初めて見られた、災害の新たな顔でした。出火が数時間も継続したのも、これが原因です。最近では、この通電火災を防止するために、スイッチがオンの状態でも、停電などで一時的に電気が切れた場合や転倒した場合には、自動的にスイッチがオフになる電熱器具が増えています。ともあれ、震災による避難などで長時間家を空ける場合には、必ず電気のブレーカーを切ってから避難することを忘れないでください。

まずは広域避難場所へ逃げよ

つぎに焼失面積を比べてみると、東京市が約３８００ha、阪神７市が70haですから、出火件数が倍だったにもかかわらず、焼失面積は関東大震災の約１・８％に留まっています。この謎の理由は、延焼速度です。関東大震災時の東京市の延焼速度は毎時２００〜３００mだったのですが、阪神・淡路大震災の阪神７市では毎時20〜40mと約10分の１だったのです。

日本の都市には、欧米に比べて木造建築物が多くあります。つまり、地震による火災が発生すれば、すぐに延焼火災が発生する潜在的な危険性が高いのです。阪神・淡路大震災の時に、それほど延焼が起こらなかったのは、たまたま風が弱くて延焼速度が遅かったことによるもので、偶然にすぎません。

したがって、地震発生時の避難計画にまず組み込むべきは、この市街地大火から生命を守るための避難システムでなければなりません。そのためには、市街地大火から生命を守ることができる空間に、一次的に避難する必要があります。

読者の中には「広域避難場所」という看板を、街なかで目にしたことがある方もおられると思います。地震発生後、市街地大火が起きる可能性がある場合には、ぜひともこの広域避難場所に避難してください。学校などの通常の避難所に避難すると、避難所そのものが市街地大火に囲まれる可能性があります。最悪の場合には、市街地大火に囲まれた避難所で「火災旋風」という火の竜巻が発生することもあるのです。

関東大震災の時、約2万坪ある本所区横網町の陸軍被服廠跡地に、本所・深川方面から火に追われて避難してきた3万数千の人々が押し寄せました。そこに猛烈な火災旋風が発生し、避難者が運び込んだ膨大な荷物に飛び火、人々の衣服や髪の毛に燃え移り、まさにこの世の地獄のようなありさまが展開しました。この被服廠跡地での死者は3万8000人を超え、生存者はわずか200名にすぎませんでした。

この被服廠跡地の教訓をよく覚えておいてください。地震発生後に市街地大火の危険がある場合には、何も持たずにまずは広域避難場所へ一次的に避難し、火災の危険が去った後に学校などの避難所へ避難する「段階避難」が、木造住宅の多い日本の都市の正しい地震避難システムでなければなりません。読者の街の避難システムが、この「段階避難システム」になっているかどうか、自治体の地域防災計画をチェックしてみてください。

地震の後、真っ先に学校などの避難所へ向かうと、大変に危険な状況になる場合があります。阪神・淡路大震災の時の航空写真を見ると、多くの被災者が避難している学校の周囲に、まさに大火が迫ってきている写真があります。延焼速度が遅かったので助かりましたが、まさに間一髪の状況でした。

第5章　東日本大震災で見られた「新たな震災の顔」

スマトラ島沖地震＋チェルノブイリ原発事故

２０１１年3月11日に発生した東日本大震災は、私が防災の仕事を始めて33年間でも最大の複合災害でした。Ｍ９・０の巨大地震と30ｍ超の巨大津波が発生し、同時に東京電力福島第一原子力発電所では、ＩＮＥＳ（国際原子力事業評価尺度）における最悪の「レベル7」にあたる原発事故が発生しています。例えていえば、これは２００４年12月26日に発生したＭ９・１のスマトラ島沖地震と、１９８６年4月26日にソビエト連邦（現ウクライナ）のチェルノブイリ原子力発電所第4号炉で発生した原子力事故（レベル7）が同時に発生したようなものです。こんな大災害は、世界の歴史のなかでも初めてのことです。さらに悪いことに、チェルノブイリでは事故を起こした原発は1基でしたが、福島第一原子力発電所では1号機から4号機の4基の原子炉で同時に事故が発生しているのです。

私は、東日本大震災の発生から10日ほど経った時点から、岩手、宮城の沿岸部を中心に、幾度も被災地を訪ねています。宮古市、陸前高田市、気仙沼市、南三陸町、石巻市、仙台市、名取市、山元町などの地域です。大きな震災の後にはいつも現地に入っていますが、今回の震災の被災地が他の震災の被災地とどのように違うのか、今回の「震災の新しい顔」は何だったのか、何が今後に生かせるのか、この章ではそれを考えてみたいと思います。

「ガソリン」がライフラインに

圧倒的に感じたのは、「ガソリンがライフラインになっている」という事実でした。「ライフライン」という言葉が人口に膾炙《かいしゃ》したのは阪神・淡路大震災の時でしたが、当時、それが意味していたのは主として「電気、ガス、水道、電話」に限られていました。阪神・淡路大震災の被災地域は、道路の被害や渋滞によって大阪など東側からのアクセスに問題が生じましたが、今回の東日本大震災に比較すれば、物資や人員の輸送の問題は局地的なものでした。関東と関西をつなぐ鉄道や道路は無事でした。中越地震や北海道南西沖地震などは人口の少ない地方で起きましたが、被災地の規模が限定的だったこともあり、劇的なモノ不足には見舞われていません。ところが、今回の震災のように、都市からの遠隔地に広範に被害が及んだ場合、「足回り」の問題が決定的に重要になるのです。

ガソリンがないのですから、物資が運べません。だからスーパーやコンビニにモノが揃わない。ならば緊急に救援物資を、ということになるわけですが、現地にガソリンがないので、機動的に救援物資を現地に届けるのもままなりません。この足回りの制約は、震災直後の初動において大きな足枷《あしかせ》となりました。

なぜガソリンが足りなくなったかと言えば、今回の地震と津波によって石油元売り各社の太平洋沿岸に立地している6つの製油所が被災して、原油処理量が最大で30％も減ってしまったことが大きな原因でした。その後3つの製油所は復旧していますが、残りの3カ所はまだ完全復旧まで時間がかかるようです。

製油所というのは原油から石油製品、つまりガソリンや軽油や灯油などを作るための施設です。原油のままでは使えないので、我々が使えるように製品化しているわけです。震災後も、原油は十分にありましたし、政府も国家備蓄の原油を供出してガソリン不足が発生するのを食い止めようとした。しかし、製油所の能力が半分になってしまったので、需要に供給が追いつかないのです。

原油はしかるべき管理をしておけばタンクに貯蔵しておくことができますが、石油製品は危険なものなので、大量に備蓄しておくということはできない。消防法などの規制もかかっています。だから、毎日ルーティンで原油を製品にしてタンクローリーに乗せて配るという、フローで動く世界が出来上がっているのです。

そういうフローで動いている仕組みの半分が使えなくなったわけですから、ガソリン不足が発生したのは当然といえば当然でした。

陸路も海路も使えない

原油はあっても製品にならない。その製品を運ぶタンクローリーも軽油で動きますから、軽油が不足している以上、動かすに動かせない。道路も寸断されている。鉄道で運ぼうにも、在来線が被災してしまって、貨物列車も満足に動かせない。震災から9日後、横浜・根岸のＪＸ日鉱日石エネルギーの製油所からようやく盛岡までタンク車でガソリンを届けた時には、被災地を避けなければならず、上越線と羽越線を経由してまる一日以上かかりました。

ならば船はどうか、と思うかもしれませんが、大規模タンカーが運べるのは原油だけ。そもそも港が被災してしまったので接岸もままならず、港にガソリンを揚げたところでタンクローリーが来られないのです。

震災さえなければ、東北地域へのガソリン供給システムは、実に効率的なものでした。東京湾に入ったタンカーは原油を下ろすと、すぐに買い付けに行ける。湾岸の製油所で精製した石油商品は、東北道や東北本線という大動脈を通じて、タンクローリーやタンク車を連ねて運んでいく。無駄がない仕組みです。しかし、ネットワークという「線」をつなぐ「点」である製油所の能力が半分絶たれたことで、東北本線の代わりに羽越線を使うといった代替の「線」を確保しても、根本的な問題解決にはならない状況が長い期間続いてしまいました。

津波に対する意識が不十分だった

今回の激甚な被害をもたらした一番の原因は津波でした。津波被害はめったに起こらないため、人々の意識が津波に対して十分に向いておらず、被害が拡大してしまった側面は大いにあると思います。

最近、日本が経験した破壊的な津波災害と言えば、1983年日本海中部地震と、1993年北海道南西沖地震が挙げられます。

日本海中部地震では10mを超す津波などによって104名の死者が出ましたが、「日本海側には津波は起きない」という俗説が広く信じられていたために、被害が拡大した側面があります。また、北海道南西沖地震では、奥尻島が壊滅的な被害に遭いました。奥尻島の青苗地区は10年前の日本海中部地震の時にも津波に襲われており、その時は地震発生から17分後に大津波が襲来しました。しかし、北海道南西沖地震では3分から5分後には大津波が襲ってきてしまい、10年前の記憶から「まだ大丈夫」と思っていた住民たちに多くの被災者を出してしまいました。

その奥尻島での惨事からも、すでに18年が経過しています。この間、1998年のパプアニューギニア津波地震や、2004年のスマトラ島沖地震によってインド洋の沿岸部に、10mを超える津波が来ていますが、幸か不幸か日本への影響は限定的なものにすぎませんでした。

「まえがき」にも記したとおり、太平洋側の各所で予想されている海溝型の地震の規模は、いずれもM7〜8クラスです。東北地方で予想されていた三陸沖や宮城県沖の地震はM7クラスでした。地震学者は、蓄積されているエネルギーを計算して、予想される地震の規模を割り出します。これが災害対策のベースになるので、その前提が間違っていた、と言っては厳しすぎるかもしれませんが、想定を大きく超える巨大地震が発生し、巨大津波が起きてしまっては、それまでの備えでは一溜《ひとた》まりもありませんでした。

通常、大津波が太平洋の広い地域を襲う場合、その津波は「遠地津波」のケースが多いのです。地球の裏側で起きた地震によって津波が発生し、それが延々と太平洋を横断して、まる一日くらいかけてやってくる。地球規模で同心円状に津波が襲ってくるわけですから、広範囲に津波が到達するのは当然です。1960年のチリ地震による津波がこれで、三陸の沿岸を中心に142名の方が亡くなりました。

逆に言えば、日本の近海で起こる地震で、今回のように広範囲に津波の被害が及ぶことはM9クラスでなければあり得ない。今回の地震が、従来想定されているようなM7クラスであれば、局地的な津波被害に留まっていたかもしれません。

従来の想定がそうでしたから、結果、東北地方太平洋沿岸の津波に対する備えも、M7クラスの想定に合わせたものしか準備されていませんでした。その代表とも言える、10mの津波防潮堤を備えていた宮古市田老地区でも、防潮堤は今回の震災で発生した巨大津波に楽々と乗り越えられてしまったわけです。

それでも「津波田老」は役立った

三陸沿岸は、近代になって分かっているだけで、今回の津波とは別に3度の大津波に襲われています。1896年の明治三陸地震、1933年の昭和三陸地震、それと1960年のチリ地震です。正確な数値は定かではありませんが、明治三陸地震の際には、津波の遡上高は最大30m以上という記録も残っています。

それでも防災は、常に「やらなければならないこと」と「現実的にやれること」の見合いです。「やらなければならないこと」ではあったとしても、30m級の大防潮堤（防波堤）を作るのは、コストも時間もかかります。そこで、昭和三陸地震での被害を受け、旧田老《たろう》町（現宮古市田老地区）は1934（昭和9）年から10m級の津波防潮堤の建設に着手し、1958(昭和33)年に総延長約2・5㎞の防潮堤の完成を見ました。その2年後にやってきたチリ地震では町を津波から守りきり、これに自信を深め、田老町は「世界一の津波防災都市」を宣言します。10mの高さがあれば、確かに近場で起こるM7クラスの地震による津波なら対応できたでしょうが、今回のM9クラスの地震による30m級の巨大津波は、防ぎきれませんでした。

私は、震災後に田老地区の防潮堤「津波田老」に行ってみたのですが、不覚にも涙が出てしまいました。ほかの町の防潮堤や防波堤は軒並みやられていたのに、田老のあの二重に作られた防潮堤は、部分的に流されていたものの、しっかりと残っていたからです。先人が長年にわたって営々と造り続けてきたあの防潮堤には、やはり意味があった。津波の破壊力は、スピードと高さのかけ算ですが、「津波田老」がきちっと立っていたことで、少なからずエネルギーは減衰している。避難のための時間を稼ぐこともできたはずです。

私は、三陸の海沿いの町を順繰りに見て歩きましたが、田老地区の場合は、他の沿岸の被災地域と比べて、まだ建物の形が残っていたのが印象的でした。町を俯瞰《ふかん》して見ると、これは「絵」としてすぐにわかります。ほかのところは、家屋が完璧に破壊された状態になっています。何というか、もともと材木置き場だったところをグルグルに水でかきまわしたような状態で、木造住宅はみな粉々になっている。ポツポツと鉄筋コンクリートの建物が残っているだけ。後は全部破壊され、町が消えていました。もちろん、田老地区の建物も、ほとんど全壊であることは変わりませんが、町の形がかろうじて分かるのです。

また、田老地区では１４０名の死者（２０１１年5月2日現在）を出しましたが、そのほとんどが津波防潮堤によって、引き波で海へ流されずに地区内でご遺体が見つかっています。これも防潮堤がご遺体を守ってくれたと言えます。

津波田老ですら乗り越えられたことで、今、「防波堤、防潮堤はもう必要ない」「費用も時間もかかるから意味がない」という議論も起きていますが、私はそうは思いません。粉々になってしまった大船渡の防潮堤も、他の三陸海岸の津波防波堤も、それがあったことでワンクッションが生じ、津波から逃げる時間を稼いでくれたのです。これがなければ、被害の規模はさらに拡大していたことでしょう。実際、岩手県の普代村では、高さ15・5mの防潮堤と防潮水門が津波の進行を食い止め、行方不明者1名は出したものの、死傷者の数をゼロに、そして家屋倒壊数をゼロにとどめました。惨憺たる事態に見舞われた三陸沿岸に、そのような奇跡のような村があったことも、また事実です。

M9クラスの地震は、将来またやってくる可能性がある——。今回の地震で分かったその事実を踏まえて、あらゆる対策を考えておく必要があります。

広さとにおい

災害現場では、確かにその場に立ってみないと分からないことがたくさんあります。東京で情報をフォローしている時と、現地に入ってから感じた決定的な差の1つが、被災地の広さです。

三陸の沿岸を車で走っていると、リアス式海岸ですから、海沿いの突端を回って湾に入るカーブにさしかかったところで、突然、町への視界が開けます。小さな町を過ぎるとまた海だけの風景になり、山道になり、しばらくするとまた町が開ける。その繰り返しですが、訪れる町のすべてが、津波に流されてほとんど何の痕跡も残していない。どこまでもそれが続きました。

テレビや新聞の報道だと、空撮写真を掲載したり放映したりしているので、それによって全体のスケール感がわかります。しかし、グラウンドレベルでカメラが撮った映像ではこのスケール感は表現できない。被災地である陸前高田市や南三陸町の町の中に立って、グルーッと360度見渡しても全く町の姿が残っていない風景を目にすると、唖然として言葉になりません。被災地をたくさん経験してきた私でさえ、驚かされるほどのスケール感でした。

もう一つ印象的だったのがにおいです。これは表現するのが難しいのですが、異様で強烈なにおいが立ちこめているのです。震災から10日以上が経っていましたから、いろいろなものが腐り始めている時期です。

小さな集落では、瓦礫《がれき》や魚、船の油のにおいなど、海沿いの町に漂っている典型的なにおいの延長上という感じでしたが、大きな町になると全く違うにおいが漂っていました。規模が大きすぎて、片付けが追いつかないのです。においの中には、まだ発見されずにいるご遺体のそれも混じっていたことでしょう。

仙台市の沿岸部は、また別のにおいがしました。海岸部にはコンビナートやガスのプラント、化学工場、石油基地などがありましたから、化学物質のにおいが強くなる。土の色も異様なものでした。紫というか、銀色の絵の具に黄色を混ぜたような、何とも表現の仕様がない色です。津波は海岸から4㎞も5㎞もあるところまで遡上しましたから、土壌汚染が広範囲に生じている可能性は否定できません。

東北の中心・仙台市の被害も大きかった。初動の段階で、仙台市の情報は東京にあまり入ってきていませんでしたが、予想以上の被害でした。仙台市の場合、沿岸部にライフライン関係の施設が集中していたので、電気、ガス、水道が、津波の被害を受けなかった中心部も含めて、まったく使えなくなってしまいました。液状化も起きていましたし、山側にある住宅地でもがけ崩れや家の倒壊が生じていた。流されてはいないものの、傾いたり、地盤が崩れたりして、事実上全壊になっている家が多く発生しています。

政令指定都市であり、地域の中核にもなっている仙台市は、本来であれば、宮城県内に災害が発生した場合は他の被災地を支援したり、情報を収集して指令を出すセンターになっているべき場所です。しかし、その仙台が被災してしまい、被災地への支援も滞ることになってしまった。

地震発生直後、外部とのパイプが絶たれ、被災地が広域にわたっている状況では、域外のボランティアはあまり期待できない。また、オペレーションも追いつかないので、域外のボランティアは断っているような状況でした。なので被災地域内の元気な人たちが、初動段階のボランティアの主力になりました。

ただ、社協（社会福祉協議会）の人に話を聞いたら、やっぱり電話がつながらない、携帯がつながらないのがネックになっている、と話していました。情報が取れないので、どこに何人行ってもらえばいいかがわからない。行政機能もダウンしている。それに加えてガソリン不足だったので、なかなか動くに動けない状態だったようです。

ぼっとん便所と自転車

阪神・淡路大震災の際には、仮設トイレの数が足りず、「てんこもり」になっていた避難所が少なくありませんでした。今回の震災でも、町がまるごとなくなっているところが多く、加えてガソリンが不足していましたから、震災発生直後は仮設トイレの数が不足していました。

それでも、多少の救いだったのは、水洗トイレではなく「ぼっとん便所」を使っているお宅が被災地にはまだかなり残っていたことです。災害時には、これは強い。電気も水もいりませんから。ただ、すぐに一杯になってしまうので、バキュームが必要になる。三陸の海岸線を走っている時、バキュームカーの隊列に何度か出くわしました。ナンバーを見ると、他府県のものでしたので、自治体が急遽、バキュームの手配をしていたのでしょう。

それと、大活躍していたのが自転車です。地方では移動の手段として車は必須ですが、ガソリンが不足していたため滅多には使えない。そこで、近所でちょっと用を足す時などには、自転車に頼ることになるのです。

現代社会を支えるインフラが壊滅した時、もっとも頼りになるのは、究極のアナログな手段であると痛感させられました。

コミュニティの存在

被災地を回っていて、「やっぱり東北人はやさしく我慢強いな」と感じることがしばしばでした。被災地は、自然を相手に仕事をしている漁師の町がほとんどですから、体力があるし、精神力もある。人間の都合ではままならない事態に、他の地域の人よりも備えのある人たちです。もちろん、心の傷は外からは見えませんが、自らも被災しているのに他人を気遣ったり、全体を見回して何が求められているかを一人一人が考えているのが印象的でした。避難所の運営でも、比較的混乱がすくなかった。ご近所さんがお互いをよく知っている地方のコミュニティだったことも大きかったでしょう。この点は、避難所の運営に少なからず混乱が見られた阪神・淡路大震災の時とは大きな違いです。

三陸地方は、津波の避難訓練を日本でいちばんしっかりと行ってきた地域です。避難所のオペレーションも、被災者たちは前もって訓練していたので、その訓練が生きた部分はあると思います。だれが言ったわけでもなく、小学校の教室ごとに、それぞれの集落を避難させるパターンができていた。ただ、ここまで大規模な被害は想定されていなかったとは思いますが。

私は地震から12日後の3月23日に陸前高田市の広田小学校という避難所にお邪魔しま

したが、そこには広域支援の一環で神奈川県大和市から応援が来ていました。大和市役所の方が何度か陸前高田の防災訓練に参加されていたという縁があり、大木哲・大和市長の「すぐ行け」との声で、地震発生直後に駆けつけてきたそうです。救援物資だけでなく、医薬品を携えた医師・看護師も第一陣として乗り込み、この広田小学校に救護所を立ち上げたそうです。

第6章　政治に求められる「本物の防災」

今後しばらく、日本の政治にとっての最優先課題は「震災復興」と「防災対策」、そして「原発対応」であるという状況が続くでしょう。しかし、「震災復興」も「防災対策」も「原発対応」も、現場で求められていることを踏まえなければ絵に描いた餅になってしまいますし、政争の具となれば、対策がさらにねじ曲げられかねません。この章では、さまざまな災害現場を歩いてきた経験をもとに、私なりの震災復興に向けた提言と次の大震災の防災対策を記しておきます。

初動で必要なのは「スピード」と「ダイナミズム」

震災の当日から3日間、私は東京の日本テレビの報道フロアーに缶詰になり、報道特別番組に出ずっぱりになりました。次々と飛び込んでくる情報から、被害の規模が甚大であることが分かってきたので、生番組の中では、初動の段階で適切な対応を迅速にとる必要があることを意識してコメントしていきました。

最初の段階で、テレビを通じて出していたメッセージは、「スピード」と「ダイナミズム」の必要性です。これは、今回の災害対策を貫く2つの重要なキーワードです。

災害対策は常に時間との勝負です。その意味で、常にスピードとダイナミズムが要求されるわけですが、今回ほどそれが切迫した形で求められていたことはありません。というのは、下手をすれば、この日本で初めて災害時に餓死者が出かねないほど、状況が逼迫《ひっぱく》していたからです。

私はテレビを通じて、「物資の輸送は3段階で行うべき」というメッセージを出し続けました。現地からのリポートを見ていると、翌日にはガソリンや灯油が切れる、食料がなくなるという悲痛な叫びがあちこちから聞こえてきていました。これは、従前のやり方で対応していては追いつきません。従前のやり方というのは、まず現状把握をする、何がどれだけ、どこで必要なのか、そのニーズを把握してから物資を送り込むという手法です。しかし、今回そんな対応をしていたら、そのプロセスでさらに死者が出かねません。

今回は政府が、「非常災害対策本部」ではなく、「緊急災害対策本部」を設置しています。通常の災害では「非常災害対策本部」で対応するのですが、今回、史上初めて「緊急災害対策本部」が設置されたのです。阪神・淡路大震災の時でも、設置されたのは「非常災害対策本部」でした。「緊急災害対策本部」は言ってみれば「伝家の宝刀」で、本部長である総理大臣の決断で多くのことができる権限を持っているのです。

国の災害対策の基本となる「災害対策基本法」は、1959（昭和34）年の伊勢湾台風での被害を受けて、2年後の1961年に制定されています。その中で、緊急災害対策本部の開設は、東海地震や首都・東京が壊滅的な打撃を受けた場合も想定されていました。

極端に言えば、事態を動かそうと思ったら、政府は何でもできた。例えば自衛隊の使い方です。通常の災害の場合は、自治体からの派遣要請があってから、自衛隊は災害現場に乗り込んでいく。神戸の震災の際には、兵庫県による自衛隊への出動要請の遅れが問題になったりして、「災害時には自衛隊がもっと積極的に活動すべきだ」という気運は高まっていましたが、今回の場合は、防衛大臣の指揮下で自衛隊がすぐに大規模に現場に乗り出すように指示することは容易にできました。

ところが、実際には被災地へ自衛隊を小出しに投入し、必然的に「まずは人命救助」ということになって、初動の段階で10万人規模の自衛隊投入はできていません。その結果、自衛隊のヘリを避難所へ集まっていた被災者へのライフラインとして使うオペレーションが遅くなりました。スタンバイはかかっており、各基地から拠点となる基地まで、自衛隊は大規模に集結はしているのです。しかし命令がおりないので、基地に釘付けにされるなど、効率的な使い方はできずにいました。

地上へ緊急物資を落とせ

日本には、災害対策のプロ集団が3つあります。消防と警察と自衛隊です。「非常災害対策本部」の場合、自衛隊は3番手。まずは消防、警察が出動し、手に負えないところは自治体からの出動要請によって自衛隊が対応する、という位置づけです。

「緊急災害対策本部」が設置された場合は、自衛隊が全面的に前へ出ます。菅総理も最初の会見の中で、それをちゃんと言ってはいました。緊急災害対策本部を開いているから、官僚が「自衛隊を最大限に活用する」という文言を総理の会見の中に入れたのでしょう。それを菅総理が読み上げている。だから、「スピード」と「ダイナミズム」を意識した手段を採用することはできたはずです。

通常の災害の場合、自衛隊への物資輸送の要請は、都道府県や市町村などの基礎自治体が出します。しかし、要請を待っていては後手後手に回ってしまう。なぜなら、今回の場合、そもそも基礎自治体が津波で流されていて機能しておらず、自衛隊への要請などできなかったからです。

そこで私は、先ほど申し上げたように、テレビを通じて、「物資の輸送は3段階で」とのメッセージを出し続けました。まず、物資の輸送に自衛隊のヘリを使うこと。陸路も海路も使えないのだから、空路を使うしか手段がないことは、現実的に考えれば分かるはずです。人命救助や捜索活動は、基本的に警察と消防に任せ、自衛隊は生存者への兵站《へいたん》となる。そして、第1段階での物資の輸送では、輸送方法も日本では好まれないやり方、つまり「物資を空から落とす」という手段をとるのです。

そもそも、今回の被災地は広範にわたって水浸しになっている。もともと平地部分の少ないリアス式海岸の町ですから、ヘリが着陸できるところを探すだけで時間を食ってしまう。ヘリは避難所の上空で低空でホバリングして、物資を落とし、すぐに次のポイントに移動するのです。

日本では、災害時の緊急物資輸送で空輸して空から地上に落とすという方法は、なかなか取れません。私は阪神・淡路大震災の当時、神戸市の防災計画の見直しの仕事をしていたこともあって、何とかヘリから地上に物資を落とすというやり方が使えないものかと検討しましたが、最後は被災者感情への配慮から計画に盛り込めませんでした。法的には可能ということになっていても、「落とすためにも許可がいる」といった、本末転倒な話がたくさんあるのです。

震災発生時の「ダイナミズム」とは、言葉を変えて言えば、「超法規」ということです。政府が政府の責任において、超法規的な措置にゴーサインを出せば、初動の対応はずいぶん違っていたはずです。今回の場合、菅総理が最初の記者会見で「自衛隊を最大限活用する」ということを言っているわけですから、指揮命令をすぐに出していれば、早期に自衛隊ヘリを物資輸送に回すことができました。

しかし、それがなかったことでタイミングを逃し、初動期に自衛隊のヘリの効率的な運用はできませんでした。

現場指揮官の裁量があれば……

民主党政権のこうした対応を批判するのは簡単です。初動に遅れがあったことも事実でしょう。ただ、未曾有《みぞう》の事態に遭遇して政府がうろたえ、まずい対応を繰り返すということは、しばしばありうることなのです。ですから、もっとリアリズムに即して考えれば、「政治の機能不全」もカウントしたうえで、実際の現場が決断を下せるような災害対策を立てておくことが必要なのです。

例えば、行政手続きの建前上、緊急時でも「物資を落とす」とは言えないのであれば、行政に対しては「物資を網に入れて『降ろす』」と説明しておいて、実際には現場の判断で落とすことにしたっていい。現場のリーダーが、責任を持って裁量を引き受けるわけです。自衛隊の皆さんは、社会に対して非常に抑制的に振る舞うことが癖になっていますから、自治体の首長などの現場指揮官が、非常時にはこういう積極性というか、臨機応変な対応をとれば良い。事後的には国民の支持を得られるものと考えます。

第1段階の物資輸送は、アバウトなもので構わない。まずは上空からヘリで偵察をして、どこに人が集まっているかを確認する。そこに、最初の緊急物資ということで、大まかに必要とされるものをパッケージで落としていくわけです。そのときに、どんな物が必要になるのかについては、私たちのような防災関係者が嫌というほどノウハウを持っています。

もちろん、この段階では支援物資の数も十分ではないし、メニューも行き届いたものではない。避難所の所在など粗い情報で活動が行われますから、物資の量が不足することも、また届かない避難所も生じるでしょう。しかし、すぐに食料が尽きる、水もなくなるという状態を一時的に救うことはできるのです。この段階では、不平等の発生や、現場指揮官の裁量を恐れてはいけないのです。

第2段階では、ヘリは地上に降ります。なぜ降りるかというと、人を送り込むからです。つまり、緊急輸送物資と医療物資、それから医療関係者です。医師、看護師、メンタルケアの専門家、保健師などです。これがだいたい、震災発生翌日から数日の段階です。非常事態ですから、最低限必要な支援をスピーディにダイナミックに実施する必要があります。

第3段階が、陸路でのトラック輸送。緊急物資輸送の段階を脱し、緊急支援から復旧へ向かって進んでいく段階での物資輸送です。

地震発生から2日後の3月13日に仙台湾沖合に米海軍の原子力空母「ロナルド・レーガン」が到着し、翌14日から海上自衛隊と共同で被災地への物資輸送や救助活動を実施しました。すぐに艦載ヘリが被災地上空で偵察飛行を行い情報を収集しました。そして、米軍厚木基地や三沢基地から空母に運んだ支援物資をヘリに積み替え、空母を拠点に孤立集落へ独自の判断で物資輸送を行いました。

ある避難所では「突然米軍ヘリが広場に着陸して、アメリカ人が英語で書かれた物資を届けてくれ、すぐに離陸しました。びっくりしましたが、大変ありがたかった」という被災者の声がありました。このオペレーションが米国の緊急対応なのです。理屈はあとで、まずはスピーディにダイナミックに被災者の生命を救うための行動を起こす。この米軍の救援活動は「TOMODACHI(トモダチ)作戦」と命名され、孤立集落55カ所に総量約135トンの救援物資を運んでくれました。

被災度認定にも「超法規」を

震災後の日本テレビの番組では、この第1段階と第2段階の輸送が適切にできていないというメッセージを出していました。震災翌日の『バンキシャ！』特番では、このままでは日本の災害で初めて「餓死者が出る」というメッセージも、フリップと共に出しました。ショッキングなメッセージだと局内では異論がありましたが、それが効いたかどうかは別にして、最初に私が日本テレビで話した翌日から翌々日ぐらいに、自衛隊のヘリが物資の輸送にかかわるようになってきました。つまり、人命救助から物資の輸送に、ヘリの運用が変わっていったのです。

阪神・淡路大震災の時は、神戸市はずいぶん苦労しましたが、霞が関の優秀な官僚の知恵なども借りながら、法律改正をせずに運用で緊急の支援に対応してきました。しかし、被災者支援という部分では、該当する法律が何もありませんでしたから、議員立法で「被災者生活再建支援法」という法律が作られました。その後、何回も改正を繰り返しながら、現在、家屋全壊の場合で最高300万円のキャッシュが被災者に渡される制度が出来ています。

今回も、被災者生活再建支援法に基づいて、家屋全壊の被災者には300万円が支払われます。ただ、これには手続きがあり、家屋が全壊したという罹災証明などが必要になります。これは被災者のＩＤ（身分証明）を確認した上で、家屋の被災程度を判定する「被災度判定」を経て出されます。渡されるお金は基金と国の資金で構成されており、それが県を経由して市町村から被災者に渡ります。その前に、県が被災市町村の申請を取りまとめて、国と協議をしなければならない。実際には1戸1戸の被災度を判定するという作業が入るわけです。

しかし、今回のように町そのものが流されてしまった場合、そもそも個別の認定は必要でしょうか？　だれが見たって全壊であることは明らかです。ならば、地域まるごとで判定をすれば良いのではないでしょうか？　測量会社は空撮で非常に精度の高い写真を撮ってきていますから、それを机の上で見て、役所が地域まるごとを指定するというやり方もありうるわけです。

そもそも、罹災証明に必要な、運転免許証や保険証などの身分証明書を失ってしまった人たちがたくさんいる。役所がまるごと流されていると、戸籍や住民基本台帳もなくなっているので、私が被災者だとしたら、本当に「渡辺実」であることを証《あか》す手段から用意しなければならない。そこで、機能回復した役所では、一生懸命に、ごくごく基礎的なＩＤカードを作る作業に取りかかりました。「私は渡辺実です」ということを役所の首長が証明するハンコを押した書類を作り、そこにデジカメで撮った写真をプリントアウトして貼る。それから、家の全壊、半壊などの被害認定をつける被災度判定を経て、初めて罹災証明が出される。

３００万円を貰うにしても、仮設住宅に入居するにしても、こうした一連の作業を順繰りに、地道にこなしていく必要があります。しかし、こうしたＩＤや住民票の発行だけで、市町村の役所は通常の数倍もの事務をこなさざるを得ない状態に追い込まれています。そのうえ、個別認定をしていては、事態の進展は遅々たるものに留まってしまう。だから、被災者生活再建支援法に基づく個別認定をやめて、地域認定にするのもひとつの考え方です。国が、いち早く自治体に向かって、「今回はこういうことだから、もう個別の評価はいらん。地域認定しろ」という形でメッセージを出す。これもダイナミズムというか、「超法規的」なやり方です。

今回は結局、この地域認定が可能になりましたが、自治体ごとに対応がまちまちになっている問題が発生しています。今後、首都圏などで大規模災害が発生した場合には、被災者の数が東日本大震災を凌ぐケースも想定されますので、真剣に考えておくべき対応策です。

求められる前に被災地支援に動いた自治体

今回の大震災では、巨大な津波により三陸沿岸の多くの町が消え、多くの犠牲者を出したと同時に、本来災害直後から被災者救助・救援を行わなければならない多くの自治体の行政機能が失われています。役所の施設が流されたり損壊したこと、また職員にも犠牲者が発生したことがその原因です。

総務省によると、岩手・宮城・福島の3県で、庁舎が損壊した自治体は、少なくとも14市町村にもなっています。岩手県大槌町では、町長も津波に流され職員の4分の1を失いました。こんな事態は、私の知る限り、国内災害では初めてのことです。応急対応・復旧・復興に必要な行政資料も一瞬にして津波で失われた状況のなかで、災害対応を行わなければならない被災自治体の苦悩は想像を絶するものがあります。

庁舎が津波で流され鉄骨だけになった宮城県南三陸町は、総合体育館に仮庁舎を設置しました。津波で1階が瓦礫に埋もれた宮古市役所は、2階で窓口業務を再開しました。また、岩手県陸前高田市は給食センターにプレハブを建設して仮市役所とし、大槌町は公民館に役場を移転していました。

こうした機能麻痺に陥った自治体を支援するために、地震発生直後に全国知事会や全国市長会が被災自治体からの要請を受けて支援する行政職員を派遣しています。しかし、これまでの被災経験から、要請を待っていては遅いと判断した兵庫県や神戸市、静岡県などは、独自の判断で被災自治体へ職員を送り応援・支援活動を行っています。支援に向かった先は、地域防災計画の災害協定を締結している被災自治体が主ですが、被災状況を独自に判断して支援に向かった自治体も見られます。神戸市は、最初は仙台市に支援に入りましたが、その後支援先の仙台市で隣接する名取市からの要請を受けて独自の判断で転戦しています。

被災地への建築制限

被災地では、復興へ向けて無秩序な開発を防止するために建築制限の法的規制をかけることができます。この建築規制の法的根拠は建築基準法に準拠するもので、通常は災害発生から最長2ヶ月間となり、自治体は区域を指定して仮設建築物以外の建築を制限または禁止することができます。また、被災市街地復興特別措置法に基づき知事や首長が被災市街地復興推進地域を指定すると、規制の期間は半年になります。さらに最大2ヶ月延長可能（つまり、２０１１年11月11日まで）となる法案を、菅政権は4月22日に閣議決定しました。

こうした期間延長の動きが続いているのは、今回の被災規模が大きいことが理由です。この制限期間内に各自治体は復興まちづくり計画を作成しなければならず、その時間が足りないことから宮城県などから期間延長の要望が出されていました。もう1つは、4月14日に発足した政府の「東日本大震災復興構想会議」の復興ビジョンが提言されることもその理由だと思われます。

しかし、今回の建築制限には、宮城県と岩手県とでその意味合いに違いが見られています。宮城県は、建築基準法第84条による「復興まちづくり」を目的とした建築規制で、石巻市、気仙沼市など6市町の市街地を指定して建築制限をかけています。これが一般的な方法です。一方、岩手県は、建築基準法第39条にもとづき、津波で壊滅的な被害を受け防潮堤も破壊され地盤も沈下していることから、今後津波が来れば再度惨事になる可能性がある沿岸部を「災害危険区域」に指定して建築規制をかけることにし、被災市町村に条例でこの区域指定をするように求めています。大きな違いは規制の期間で、岩手県の場合は特に定めがありませんが、宮城県は先に示したように延長を含め最大で11月11日までの期限があります。

同じ被災地なのになぜ両県に違いがあるのか、読者には不可解なことだと思います。両者一長一短ありますが、なにより両県知事の復興に対する基本的な考え方の違いが現れていると言えます。

「まちづくり」よりも「産業再生」を

復興計画の策定に際しても、従来の考え方の延長線上では対応しきれません。なぜならば、阪神・淡路大震災の被災地も中越地震の被災地も、確かに産業に大変なダメージを受けましたが、ゼロベースにはなっていません。阪神・淡路大震災の被災地では、長田地区の町工場にせよ、川崎重工や神戸製鋼などの海岸沿いの巨大生産施設にせよ、時間はかかっても、町並みと生産設備を元に戻すことができました。中越地震の被災地は主に農地でしたが、農地にヒビは入っても田んぼそのものは残ったので、やはり元に戻すことができました。

ところが、これが津波の怖いところですが、今回は町が全て壊滅してしまっています。私自身が被災地を回りながら考えていたのは、この広域災害には普遍的な復興憲章、要は復興のコンセプトにあたるものが必要だ、ということです。「この国は大災害に遭ったらこうします。そして、こういうプロセスで復興していきます」という理念、哲学を表したものです。

従来の自然災害からの復興と違うのは、応急復旧の次の段階で、普通なら「復興まちづくり」とか「復興都市計画」が来るわけですが、まちづくりよりも前にお金を回す仕組み、要するに産業の再生、そして被災者の生活再建が必要だ、ということです。まず住まいと生きる道、つまり住宅と産業をどうしたいのかを、行政と被災者が一緒になってゼロベースから立ち上げていくことが必要なのです。

「どのくらいの高台」へ移転するのか

今回の被災地復興を考えるとき、まちづくりのコンセプトとして、「津波に強いまちづくり」は外せません。その基本方針として、菅総理をはじめ復興構想会議の学識経験者など多くの方々も、早い段階から「高台移転」を提唱しています。津波からの避難は垂直避難が鉄則であり、明治・昭和三陸津波の教訓から高台に移転した集落では、今回の大津波でもほとんど人的被害を免れています。津波に強いまちは高台につくること、このコンセプトは私もまったく異存はありません。

しかし、その「高台」とはいかほどの高さを言うのかの議論が聞こえてこないのです。例えば今回襲来した津波高30mを高台の目安とすると、概ね8階建て以上の高さに新たにまちを造成することになります。想像してみてください。他のまちや海岸までの行き来を考えると、高齢者や障害者には、非常に困難な日常生活になることが容易に予想されます。

私はこの間、何度も被災地を歩いていますが、急峻な谷間に形成された漁村集落が実に多く、また海岸から高台まで距離がある広大な平場に発展した市街地もあります。漁師が海岸へ通勤するにも時間がかかるでしょう。さらに宅地に適した丘陵地はすでに開発されている場所も多いのです。こうした厳しい条件の中で高台移転のための住宅地を新規造成すれば、10年単位の時間を要することになります。

阪神・淡路大震災では、神戸市の仮設住宅は5年ですべて解消しました。東日本大震災では、被災者に10年間、仮設住宅での生活を強いるのでしょうか？

高台移転を復興の基本コンセプトとするなら、移転までのプロセスを被災者に示し、誰が高台に住むのか、その費用はどうするのかを含めた十分な議論を被災者と深める必要があります。

生命を守るのか、生活を守るのか

漁師をしている被災者と話をすると、「漁師は丘にあがったら商売にならない」「次の津波が来る時は、その前に船を沖合に出すために海岸近くに住まなければならない。船は漁師にとって生活の糧だし、家族を守るために今度は絶対に船を守る」ということを多く聞かされます。日々過酷な避難生活が長期間続いている被災者たちは、いま巷《ちまた》に流れている復興議論を耳にしながら私に問いかけてきます。「この議論は生命を守るためのものなのか、生活を守るためのものなのか」と。

答えはもちろん、生命も生活も守ることができる復興でなければならないことは、言うまでもありません。しかし、聞こえてくる復興の議論は、高台移転構想、嵩上《かさあ》げ人工地盤構想、津波避難ビル構想など、被災者の生活復興をないがしろにしたものばかりに思えてなりません。

漁業や農業の生産基盤が壊滅し、水産加工業なども軒並み破壊された今回の超広域被災地では、生活の糧を失った被災者の生活再建計画をどのように組み立てるのか、そしてこの生活再建を具現化するためのまちづくり計画はどのようにあるべきかを考えなくてはなりません。そのためのプロセスや適用制度、国や民間の最大限の支援はどうあるべきかを、被災者へたたき台として示し、被災者と自治体が膝をつき合わせて十分な議論を尽くして、説得ではなく、被災者が納得した復興計画を立てることが最も重要なポイントではないでしょうか。

石巻・荒地区の津波防災まちづくり

4月9日に宮城県石巻市雄勝町荒地区へ取材に伺いました。この荒地区は、石巻市の中心から車で2時間ほど瓦礫の町をいくつも通りすぎた場所にあり、ホタテやワカメの養殖で生計を立てている人口100人ほどの小さな漁村です。荒地区に入ると、真正面の海までの平場にあった建物はすっかり津波でさらわれていましたが、両脇の高台に建つ住宅には被害が見られません。この荒地区は明治と昭和の三陸大津波に2度襲われ大きな被害を出しました。昭和の大津波では、集落の大半が流され約60人が死亡しました。この大津波のあと、生存した住民は明治・昭和と2回もの大津波で多くの尊い生命と住家を失った教訓から、周囲の山を切り開き高台に住宅を建て、低地の平場には漁具などをしまっておく納屋を設置し次の津波に備えたまちづくりを行いました。

荒地区会長の高橋龍太郎さん（70歳）は、こう話してくれました。

「今回は、昭和の大津波の教訓で高台に住宅を建設したことで、2軒の住宅が流されただけで、死者はゼロにできた。地震が発生したときは、平場の作業場にいた住民が、揺れと同時に周りの崖に無我夢中で駆け上がり全員助かった。集落の道路を奥に走り津波から逃げるのではなく、近くの崖に駆け上がったのが良かった。漁具や納屋は流されたが、生きていればまたみんなで立ち上げることができる」

高橋さんは、「地震が来たら、すぐ高台に避難しろ！　安心して眠れる場所に住め！」と、大津波にあったときの具体的な体験談を親からさんざん聞かされていました。『また始まったか、うるさいな』と思うほど、それこそ耳にタコができるほど、いつも聞かされていました」と言います。高橋さんは、「今回の大津波も、今度は自分が子供や孫の代に語り継いでいかなければいけない」と力強く私に話してくれました。荒地区には、「地震があったら津波の用心」と刻まれた石碑も2カ所――昭和の大津波が襲った高さの地点と溢水地点――に建っており、後世に津波被害を伝えています。

言い伝えといえば「津波てんでんこ」――「津波でんでんこ」とも「命てんでんこ」とも言われている――という三陸の言い伝えがあります。「津波から命を守るには、てんでんばらばらに逃げなければならない」という非常に厳しく悲しい言い伝えです。つまり、年寄りや子供の手を引いて逃げるのではなく、ばらばらに逃げなければ助からない、ということです。今回の大津波では、この「てんでんこ」ができなかった多くの方々が帰らぬ人になったのではないでしょうか。ほんとうに厳しく悲しい言い伝えですが、これからも代々語り継がなければならないこの地方の大切な言い伝えです。

霞が関と被災地の温度差

被災地を訪ねた際、2011年4月14日に開催された政府の復興構想会議の第一回会議で出された復興まちづくり案を、避難者に見せて感想を聞きました。

「どれもすごいね。こんな都会になっちゃうんだ。高台のニュータウンに入居するにはどれくらい費用がかかるの？　人工地盤もいいけど、カビがはえるよ。漁師の仕事場や加工場は確保できるのかな？」

「いつ、こんなすごい町ができあがるの？　誰がつくるの？」

「それまでの仕事は紹介・斡旋されるのかな？　生活の補償は？」

「すべて流されたホタテなど養殖業を新規に再開するには最低2～3年はかかる。漁師は船の提供があれば漁ができるが、養殖はそうはいかない」

正直、被災者の方々は、あまり関心がない様子でした。被災地と霞が関のあまりの温度差を感じて虚しくなりました。

今回はまちの復興だけで終わらせるのではなく、全てを失った被災者の「人間復興」を目指すべきである。そうでなければ、暗いトンネルの先に生きる希望の光は見えてこないと、被災者と復興について議論するたびに私の胸に突き刺さってきます。

いずれにせよ、復興のためには新しい法律や仕組みが必要になります。大事なのは組織論ではなく「復興憲章」という、来るべき次の震災の際にも適応可能な基本方針、哲学です。

現在の災害対策基本法は、伊勢湾台風の後に出来上がったもので、「復興」の2文字は入っていません。だから、阪神・淡路大震災の時には本当に苦労しました。既存の法律は都市計画法と建築基準法しかなく、都市型災害だった阪神・淡路大震災でも、まったく状況に適合していませんでした。

例えば「縦覧」という都市計画法上の手続きがあります。地域住民と行政が協議をして、まちづくりのプランを作る。これを2週間、「縦覧」という手続きによって市民に見てもらう。そして、パブリックコメントというか、住民の意見をもらうわけです。

この「縦覧」の手続きでは何をするかというと、役所とか公民館などに、プランを張り出す。あるいは新聞の折込に入れる。しかし、そんなことをしたところで、被災地の中では新聞も満足に届いてないし、役場に張りつけたところで仮設住宅は遠いところにあるうえにバスの運行もないので、ろくに見ることができない。

だから、「縦覧」という手続きは、被災地では無意味なだけでなく、邪魔なのです。ただ、都市計画法上は踏まなければいけない手続きだったので、神戸市の復興計画では、この手続きを行いました。しかし事実上、住民が知らない間にプランができ上がってしまったので、実際に権利調整に入っていくと、その時になって「おれは聞いてない」と言い出す人がたくさん出てきました。

だからこそ、まずは「憲章」になるような災害復興の基本方針、哲学を作る必要があるのです。同時に、ネーミングは何でもいいのですが、「被災者生活再建法」ないしは

「被災者生活再建基本法」にあたるものを作り、住まいと就労の見通しをたてる。その基本法で、被災者に対する住まいと就労のあり方を規定する。国の支援、地方自治体の役割、企業・NPO法人など民間の役割を法律で明確化する。その上で、「災害復興基本法」という、いわゆる「まちづくり」の体系をきちっと作る。この順番でやらず、まちづくりを先にやってしまうと、必ずや被災地の実情と合わない「復興」になってしまうでしょう。

私たちは神戸でさんざん苦労したので、「次の震災では同じ苦労をして欲しくない」と思い、災害からの復興時のまちづくりのプロセスを定めた「災害復興基本法」にあたるものを作ろうと提案し、国会議員にも働きかけていたのですが、結局、16年経っても何もできませんでした。

今回は、災い転じて福となすいいチャンスです。被災者支援のあり方を規定する「被災者生活基本法」と、まちづくりのプロセスを記した「災害復興基本法」を、この機会にぜひ制定し、次の災害の機会に備えて欲しいと思います。

東京湾の津波対策を忘れるな

あまり報道されていませんが、今回の大震災で私が注目していることがあります。それは東京湾を津波が襲ったことです。

3月11日、地震発生1時間半後の午後4時頃から夜にかけて、千葉県木更津市の沿岸で2m強の津波が観測されました。この津波は木更津の東京湾沿岸に20回以上押し寄せ、水路を逆流し、鉄製のパイプを折り、ロープを切断して、係留していた20隻以上の漁船やプレジャーボートをのみ込んでいきました。

水路から約1km西側にある貯木場にも津波は襲い、水面が上下し貯留していた木材が大きく踊っていました。木更津市は震源地から見ると房総半島の裏側の東京湾に面した位置にあります。ですから、三陸沖から茨城沖で発生した巨大津波が房総半島を回り込んで、東京湾の湾口にあたる浦賀水道から押し入って一気に東京湾に入り込んで、湾内で増幅・反射し何度も木更津市沿岸を襲ったと考えられます。

これまで東京湾の津波を議論することは難しい状況にありました。現在想定している首都直下地震（東京湾北部地震）は、荒川河口付近で発生する直下型地震ですから、東京湾に津波を起こす可能性は極めて小さいと言えます。しかし、伊豆諸島近海で大地震が発生すれば、東京湾への津波の可能性は考えられます。それ以上に地震空白域の房総沖で地震が発生すれば、今回実証されたように房総半島を回り込んで東京湾に津波が入り込むことは想定されていました。

しかし、房総沖地震の発生そのものが、中央防災会議では本気で議論されてきませんでした。東京湾岸を津波が襲うと、石油コンビナートや火力発電所など工業地帯への大きな被害が予想されます。湾内に係留されている大型船舶や航行中の船舶にも被害が発生し、東京湾に面した羽田空港が浸水するなど、想像を絶する被害が出る可能性もあります。さらに、津波は荒川、隅田川、多摩川などを遡上してゼロm地帯への浸水被害をもたらす危惧もある。つまり、あまりにも影響が大きすぎるので、東京湾の津波対策は事実上アンタッチャブルだったのです。

東京湾の湾口の海底は深く、津波の力が拡散しやすいので大津波にはならないとする説もあります。しかし、今回の東日本大震災で発生した巨大津波は、房総半島を回って木更津市沿岸に至っても2m強の高さで襲ってきました。この事実から目をそらさず、今こそ東京湾内の津波対策を検討する必要があると考えています。

富士山にも噴火の兆候が

考えれば考えるほど、M9・0の巨大地震が起こってしまったというのは、日本にとって深刻な事態です。M7クラスが頻発している分には、従来の地震学の知見でも何とか説明がつきます。しかし、M9クラスの地震がいったん起こってしまうと、いろいろなところに影響が波及するのです。

例えば、GPS（全地球測位システム）の観測データから、富士山の山体が膨張してきているのが確認されています。

東日本大震災の結果、東日本の乗っている北米プレートが太平洋側に最大50m引っ張られたことが分かりました。そうすると当然、引っ張られた分だけ、日本列島がバランスを失うことになります。大震災翌日の12日に長野県北部で、15日に静岡県東部で、いずれもM6クラスの地震が起こったのは、日本列島がバランスを取り戻そうとした営みと考えられます。

そうしたバランス運動のひとつと言うか、大震災の波及効果のひとつとして、日本の火山活動にも影響が表れているのです。もともと富士山は、あと100年から200年くらいの間に再び活火山になるのでは、というところまでは予測されていましたが、それが今回の震災を受けて早まった可能性があります。

火山活動は、きちんと計測すれば、いつ噴き出すかというのは分かります。その最初の段階では、マグマが上がってきますから、山全体が膨張するわけです。どこから噴き出すのかを予測するのは、学者の腕の見せ所です。

「安全情報」と「安心情報」を峻別せよ

福島第一原発の事故が発生して以降、少なからず情報の混乱が見られました。枝野幸男官房長官が連日、記者会見で状況を説明していましたが、状況が切迫していて変化が激しいこと、当事者である東電の現場からの情報が限定されていたこと、そもそも原発の安全性評価は素人にはやや難しいことなどもあり、国民の不安は高まりました。「福島産の野菜は少しくらい食べても大丈夫。だけど出荷制限します」などと、時に矛盾したメッセージが発せられたことも、国民の不安を助長しました。消費を控える自粛ムードが蔓延する一方で、防災関連のグッズや商品が軒並み店舗から消えていくという、自己防衛的な意識が招いた行動も広く見られました。

正しい情報と共に、「落ち着いて行動を」というメッセージが、人々に安心感を抱かせるような信頼するに足る人物から発せられれば、もう少し混乱は少なかったかもしれませんが、不幸なことに、日本という国はそうした仕組みを作るのが下手なようです。官房長官の会見を見ていても、情報伝達がきちっとできていないのは透けて見えました。だから、いくら「落ち着いて」と言われても、不安感は拭いきれない。

福島第一原発事故に関する情報は、「安全情報」と「安心情報」の発信がごちゃごちゃだったことが、国民への伝わりづらさに拍車をかけました。原発施設内で起きている状況の解説や、放射線量のマイクロシーベルトなどの専門的な情報は、「安全情報」です。その安全情報がいったい我々の生命や身体にとって安心なのか、どこの野菜や魚なら食べることが可能なのかなどが「安心情報」にあたります。

今回の原発事故では、この2つの情報が混乱して伝えられました。国民にとっては、いま起きている事態が安心していいものかどうかが最も重要な情報のはずですが、最初にわかりづらい専門的な「安全情報」が延々と流されても不安は解消されません。メディアの解説も「安全情報」と「安心情報」をうまく伝えられていない状態が続いており、改善すべきだと思います。

また、計画停電については東電の情報の出し方がめちゃくちゃだったこともあり、かなりの混乱が見られました。ニュースサイトの情報と東電のホームページに公表されている情報が違っていたり、そもそも東電のホームページがつながりにくくなったり、停電の実施が「いきなり」だったり、計画停電の時間になっても結局は停電がなかったりという事態が続くと、市民は当たり前のように不安になります。「詳細はホームページで」と言われても、高齢者はそもそも、ホームページなんか見ません。

ただ、事後的に考えれば、これはこれで、来るべき節電時代の「訓練」になった気もしています。今後、もし長期的に計画停電を実施するとなれば、人工透析をしている方や、人工呼吸器など電気で生命をつないでいる方などへの細かなフォローが必要です。

日本の曲がり角

今回の東日本大震災は、言ってみれば二・二六事件のような、暗い時代への転換をつげる象徴的な出来事だったのかもしれません。都市の生活を支えてきた原発が完全に停止すれば、この国の生活を従来の3分の2の電力で回していかざるを得なくなります。否応なく、我々1人1人の生活全般が見直されています。

不吉なことを言うようですが、今回の震災は、来るべき首都圏への巨大地震の前哨戦のような側面もあります。関東から東海にかけての太平洋側には、日本の輸出産業を支える生産拠点がたくさんありますし、人口も集中している。静岡には、政府からの要請を受けて運転が停止された浜岡原発もあります。もし神様にひとつだけお願いするとしたら、どうか、すぐには東海、東南海、南海などの海溝型巨大地震や、首都直下地震をおこさないで欲しい。いま首都圏が被災してしまったら、本当に日本という国の仕組みがもたなくなるかもしれません。

我々は、今回の大震災の経験を大事にしなければいけません。この章で申し上げたように、災害に関する法律や仕組みを変える契機とし、電力を大量に消費せずとも持続可能な社会となるような仕組みを作っていく。そういう認識と覚悟がいま、求められているように感じています。

第7章　「次の大地震」の基礎知識

東日本大震災以降、地震をめぐる報道が急増したことで、大地震の発生メカニズムや発生周期、大きさなどについて、にわかに知識を得た方も多いと思います。ただ、新聞やテレビの情報はどうしても断片的になりがちです。

この章では、「次の大地震」に関する基礎知識をまとめておきました。今後、震災の報道や情報に接する際の参考にしていただけたら幸いです。

我が国の地震調査体制

我が国には、地震予知と地震調査研究に関する組織として、「地震予知連絡会」「地震防災対策強化地域判定会」「地震調査委員会」の3つがあり、それぞれに異なった役割を担っています。

「地震予知連絡会」は、1969年に建設省（現国土交通省）国土地理院長の私的諮問機関（研究会の性格）として設置されました（定数は30名)。ここでは各研究機関によって提供された地震予知に関する情報の交換と専門的検討が行われており、検討結果は定例会のあとに開かれる記者会見で国民に公表されています。

「地震防災対策強化地域判定会」は、通称「判定会」と呼ばれていて、1979年に気象庁長官の私的諮問機関として発足しました（定数6名）。この判定会は情報交換と、東海地震の直前予知へ向けて24時間365日観測されている各種データの解析を行い、東海地震が発生するかどうかの判定を行う機関です。

そして「地震調査委員会」は、1995年に政府の公的機関として地震に関する国の評価を行う機関として設置されました（定数18名）。

阪神・淡路大震災が発生した1995年、全国にわたる総合的な地震防災対策を推進するため、「地震防災対策特別措置法」が議員立法によって制定されました。これを受けて政府は、この地震防災対策特別措置法に基づいて、総理府に「地震調査研究推進本部」を設置しました（現在は文部科学省に移管）。

地震調査研究推進本部は、政府の特別機関です。この組織は、これまでは地震に関する調査研究の成果が国民や防災を担当する機関に十分に伝達・活用される体制になっていなかったという反省の下に、行政施策に直結しうる地震の調査・研究の体制を整備して、政府として一元的に推進することを目的に設置されました。地震調査研究推進本部の下には、政策委員会と地震調査委員会が設置されています。

今後30年以内の地震発生確率

「はじめに」でも記したように、この地震調査研究推進本部地震調査委員会は、毎年1月1日付けで、日本の主な地震の想定規模と、今後30年以内の発生確率を公表しています。地震には周期性がありますから、古文書や過去帳などの記録や、実際に地面を掘った研究調査結果などから、過去にどれくらいの間隔で発生していたかを想定して、前回発生した時間から計算して今後30年以内の発生確率を予想しているわけです。

いま公表されている「今後30年以内の発生確率」は、2011年1月1日を起点としています。「今後30年目に起きる確率」と誤解している方が多いのですが、発生確率には今この瞬間も含まれています。また、3月11日に東日本大震災が発生したことで、この確率分布に大きな変化が生じたことは確実です。

細かい説明は省きますが、この発生確率の計算式を当てはめると、1995年の阪神・淡路大震災（兵庫県南部地震　M7・3　野島断層）の地震発生直前の30年以内発生確率は、０・02％〜８％でした。ちなみに、交通事故や火災で30年以内に死傷する確率は約０・22％です。一部は「はじめに」とダブりますが、そのことをふまえて、数字をもう一度、眺めてみて下さい。

東海地震　87％（Ｍ８程度）
東南海地震　70％程度（Ｍ８・１）
南海地震　60％程度（Ｍ８・４）
首都直下地震　70％程度（Ｍ６・７〜７・２）

ややわかりにくい「首都直下地震」について、簡単に解説しておきます。慣例として「首都直下型」と呼ばれている地震は、地震調査委員会では、「大正型関東地震、元禄型関東地震とは違う、南関東のＭ７程度の地震」とされています。元禄大地震（１７０３年）と関東大震災（１９２３年）は、相模トラフを震源とするＭ８クラスの巨大地震です。相模トラフとは、東日本が乗っている北米プレートの下に、フィリピン海プレートがもぐりこんで生じた細長い海底盆地です。ここを震源とするM8クラスの巨大地震は、およそ200〜300年周期で発生するとされています。

「首都直下型」として想定されているのは、この200〜300年の間に数回発生するとされる、もう少し規模の小さい地震です。海溝型の地震に比べればエネルギーは遥かに小さいですが、震源が浅く関東に近いので、被害が大きくなる傾向があります。想定されている震源は、①北米プレート内、②北米プレートとフィリピン海プレートの境界、③フィリピン海プレート内となっています。1782年の天明小田原地震、1855年の安政江戸地震、1894年の東京地震などがこれにあたります。

なお、東日本大震災の発生前の段階で、三陸沖から房総沖にかけての海溝型地震の30年以内発生確率は、いずれも非常に高いものでした。北から順に見ていくと、

三陸沖北部のプレート間地震　90％程度（M7・1〜7・6）
宮城県沖　99％（M7・5前後）
三陸沖南部海溝寄り　80〜90％（M7・7前後）

茨城県沖　90％程度（M6・7〜7・2）

最も発生確率の高い宮城県沖地震は99％となっていました。この宮城県沖地震はとても見通しがつきやすい地震で、概ね30〜40年間隔できちんと（？）起きています。前々回が1936年、前回が1978年、広範囲で断層割れが生じて巨大地震になった今回が2011年と、ほぼ正確な周期があります。残念ながら仙台は、30〜40年に1回の大地震を避けられないので、一生のうちに2回、ないしは3回の大地震を体験しなければならない市民が多くいる、ということになります。

東京を襲う首都直下地震の発生確率も70％ですから、東京もまもなく大地震に見舞われるのは確実でしょう。また、静岡から四国沖までの海底には、大きな地震の巣になっている南海トラフがあります。

この南海トラフ沿いで発生するとされる巨大地震の確率は、東海地震が87％、東南海地震が70％、南海地震が60％です。この南海トラフを震源とする巨大地震は、鹿児島県から東京都や千葉県まで被害が予想される超広域な地震です。瞬時に巨大津波が太平洋側の沿岸各地を襲い、2011年3月に発生した東日本大震災の再来のような事態に西日本が見舞われないとも限りません。

内陸の活断層は、日本列島全体で約2000カ所以上も見つかっています。地下に隠れている断層は活断層よりもさらに多くあるといわれ、これまで地震が起こっていない地域でも、突如地震に襲われる可能性は捨てきれません。阪神・淡路大震災にせよ新潟県の中越地震にせよ、いずれも「ここでは地震が起きない」と多くの人々が思いこんでいたところで起こったのです。こうした内陸の浅い場所で大地震が発生すると、その直上にある都市や町には、甚大な被害がもたらされます。

こうして見てくると、日本はいつ、どこで地震が起きてもおかしくないのです。地震が起きない場所はないし、すでに大地震が襲ってくる時代に入っている、そのことを十分に認識しておく必要があるのです。

間に合わなかった東日本巨大地震の予測

実は、国の地震調査研究推進本部は、宮城県沖から福島県沖まで連動する巨大地震の発生可能性を、長期評価の対象に追加して、２０１１年４月に公表する予定になっていました。

同本部では、２００５年から２００９年にかけて、宮城県沖で起きる地震を重点調査していました。古文書の記録からその発生が知られていた８６９年の貞観地震はＭ８クラスで、宮城県沖から福島県沖で長さ２００㎞、幅１００㎞にわたって断層がずれたことがわかりました。津波もかなり大規模に発生し、宮城県や福島県の沿岸で内陸３〜４㎞まで浸水しています。今回の東日本大震災では、仙台市の沿岸部や名取市などで沿岸から５㎞程度も浸水していますが、それに匹敵する規模だったことが分かります。現地で地質学的調査を行ってきた産業技術研究所の宍倉正展氏（海溝型地震履歴研究チーム長）によると、「東北地方ではるか昔から巨大津波が繰り返し起こっていた。津波の繰り返し間隔は約５００年から１０００年」とのことで、貞観地震からの時間の経過を考えると、東北地方はいつ巨大地震に襲われてもおかしくない状況にあったと言えます。

地震調査研究推進本部では2月に宮城県に事前説明を終え、福島県にも3月23日に長期評価の内容を説明する予定になっていました。この説明に赴く予定だった宍倉氏は、

「あともう少し地震の発生が遅れてくれていたなら…。地震本部の評価が公表され、各自治体に周知され、それが防災対策に活かされた後であったなら、もっと多くの命が救えたのではないか…。そう思うと非常に無念の思いである」と述べています(ウェブサイト『サイエンスポータル』2011年3月20日掲載の宍倉氏の緊急寄稿より)。

千年に一回の巨大地震なのか?

貞観地震は、「日本三代実録」にその被害の有り様が記録されています。貞観11年(869年)5月26日夜に発生し、家屋の倒壊により多くの生き埋めの被害が発生しました。海が荒れ狂い、巨大な津波も発生し、1000人以上の人が溺死しています。被災者の数は2万人規模といわれ、まさに東日本大震災の被害と非常によく似ていることがわかります。

実はこの貞観地震が発生した9世紀後半は、日本列島が自然災害の嵐に見舞われていた時代でした。年代順に並べると、850年に出羽地震、863年に越中・越後地震が発生しました。864年には富士山と阿蘇山が噴火。そして869年に前述の貞観地震が発生し、８７１年には秋田県の鳥海山、８７４年には鹿児島県の開聞岳が噴火しています。さらに８７８年に関東地震、８８０年に出雲地震、８８１年に平安京地震が発生しています。８８７年には、南海・東南海連動地震と考えられる仁和地震が発生し、平安京が被災して大阪湾に津波が襲っています。８８８年には八ヶ岳も噴火しました。

今回の東日本大震災が貞観地震の再来、つまり千年に一回の地震だとすると、今後の日本列島は立て続けに巨大災害に見舞われるかもしれません。すでに東日本大震災の前に、鹿児島県の新燃岳が噴火し桜島の活動も活発化しています。地震後には富士山の山体膨張も記録されています。ゾッとする事実ですが、いずれにしても１人１人の災害への備えが絶対に必要だということです。

東海地震は予知できるのか？

講演会などで、聴衆の皆さんからよく、「東海地震は予知できるのですか」と聞かれます。結論から言えば「わからない」というのが現状だと思います。

正確に言うと、「予知できるように研究、観測、評価を行っている日本で唯一の地震が東海地震」なのです。もし地震を予知できれば、多くの生命と財産を守ることができます。政府や静岡県などの関連自治体は、予知できた場合と、突発的に東海地震が発生した場合の2つのケースを想定して、対策を練っています。

東海・東南海・南海地震を引き起こすとされる南海トラフ沿いの巨大地震は、歴史的に概ね100〜150年間隔で繰り返し発生しています。前回は1940年代に発生した（東南海1944年、南海1946年）のですが、この時に東海地震だけが150年以上もの間発生していない空白域になっていることがわかりました。「東海地震は明日起きてもおかしくない」という学説は、今から35年前の1976年に発表され、世界で初めて地震が発生する前に地震の名称がつきました。

そして、東海地震の被害を軽減させるために、「大規模地震対策特別措置法」及び「財政特別措置法」という新しい法律が制定され、大きな被害が予想される地域は「地震防災対策強化地域」（通称「強化地域」）として指定を受け、重点的に防災対策が推進されています。現在の強化地域は、静岡県全域を中心に8都県263市町村に及んでいます。

気象庁では、この東海地震の前兆（地震前の異常現象）を捉えるため、世界一の観測網を整備し、24時間365日観測を続けています。現在の科学技術では、地震の直前予知（日時、場所、規模を特定した予知）はできません。ただ、東海地震についてだけ、地震の前兆が検知できる可能性があると考えられています。

前兆と思われるデータの異常が観測されると、東海地震に関連する調査情報（平成23年3月24日改正）が気象庁から発表されます。危険度が低い順に「東海地震に関連する調査情報」↓「東海地震注意情報」↓「東海地震予知情報」という名称で情報が発表され、最も危険度が高い場合には「警戒宣言」が出されます。

但し、この順番で情報が順次発表されていくとは限りません。注意情報で解除になったり、調査情報から突然予知情報になる場合もあることは知っておいてください。地下の活動は、我々の思い通りにならないのが現実なのです。

①「東海地震に関連する調査情報」　観測データに通常とは異なる変化が観測された場合、その変化についての調査状況を発表（臨時）

②「東海地震注意情報」 観測された現象が東海地震の前兆現象である可能性が高まった場合に発表される情報

③「東海地震予知情報」 東海地震が発生するおそれがあると認められ、「警戒宣言」が発せられた場合に発表される情報

これらの情報のうち「東海地震注意情報」が発表されると、防災関係機関の防災準備行動が開始されます。また、必要に応じて児童・生徒の帰宅、旅行や出張の自粛等の対応がとられることになります。「東海地震予知情報」の報告を受けた内閣総理大臣は、ただちに閣議を開き、「警戒宣言」を発令します。この「警戒宣言」の発令により、地震防災対策強化地域やその周辺地域の自治体は、地震災害警戒本部を設置し、本格的な防災態勢に入ります。

21世紀前半のいま、日本列島は巨大地震の再来周期に入っています。この現実から目を逸らさず、できる限りの対策をとっておく必要があります。

おわりに

最後までお読みいただきありがとうございました。近い将来に東京や名古屋、大阪など大都市が巨大地震に襲われる可能性が高いこと、その際には「高層難民」「帰宅難民」「避難所難民」という三大「震災難民」が発生する可能性が高いことが、おわかりいただけたでしょうか。

本文中でも何度か指摘しましたが、大都市が巨大地震に襲われた時には、この三大震災難民の対策をクリアーして、初めて「普通の大震災」になるのです。この三大震災難民の発生は、相互に関係がある災害事象です。このまま何も実効性のある対策を実施しなければ、最後は信じられないほど大量の避難所難民が発生してしまうのは避けられません。

東日本大震災が発生して4ヶ月余りが経過した今、私は決して脅かすつもりでこの本を出したわけではありません。残念ながら、これはフィクションではなく現実なのです。1995(平成7)年に発生した阪神・淡路大震災は、6434人の尊い人命を奪った代わりに、多くの貴重な教訓を残してくれました。私はそれ以降、この教訓を胸に、同じ災害を繰り返さないために、防災対策上の様々な課題や問題点を指摘し、生命を守るための提案・提言を行ってきました。

不幸にして、2万人以上の死者・行方不明者を出した東日本大震災では、またも新たな「震災の顔」が覗いてしまいました。街を根こそぎ破壊してしまう津波の恐ろしさを経験し、まちづくりと生活再建に向けた議論が続いています。多くが海岸に立地する原子力発電所の危険性が再認識され、エネルギー政策の見直しも今後進むものと思います。

しかし、これまでの大震災では起きていない大都市特有の災害、すなわち「高層難民」「帰宅難民」「避難所難民」の三大震災難民の発生については、多くの防災関係者が見過ごしているように思われます。特に、都心部での建設が続く高層マンションの住人が、大量の高層難民になる可能性については、十分に語られていないように感じています。マスメディアにとっても住宅メーカーは大事な広告主。いたずらに不安を煽るような報道は控えようという意識が働いても不思議はないでしょう。

東京という巨大都市は、幸いにも関東大震災から80年以上もの長い時間、巨大地震に襲われていません。その間、第二次世界大戦の大空襲によって、東京の街は壊滅的被害を受けましたが、戦後に見事復興を遂げました。そして、高度成長の時代には、東京一極集中が加速して、都市の大改造が進みました。土地は限られていることから、都市はタテの方向に拡がりました。すなわち、天空と地下です。

太陽の恵みを保証する日照権や、建蔽率《けんぺい》、容積率、都市の良好な環境を維持するための都市計画法、建築基準法などは、一貫して規制が緩和されてきました。その結果、工場跡地など余剰の土地が出れば、天空へ向かってそびえ立つ超高層ビルや高層マンションが建て続けられ、地下へ向かっては地下街が広がっていきました。都営地下鉄大江戸線の六本木駅のように、建物10階分に相当する地下40mの深さにまで地下鉄の駅が作られました。その結果、東京は、知らず知らずのうちに、潜在的に世界一危険な巨大都市になりました。逆説的ですが、この間に一度でも大震災に見舞われていたら、この流れにストップがかかっていたと思います。

都市の合理性・経済性・快適性を最優先にした結果、人間の居住空間としてもっとも重要な「安全性」は、どこかに追いやられてしまったようです。この流れは止むことがありません。都市の合理性・経済性・快適性の追求は今でも続いていますし、市場も求めている以上、高層マンションの建設は今後も続いていくことでしょう。

第7章でご紹介したように、すでに日本列島は巨大地震の再来期に入っており、この巨大地震は間違いなく東京や名古屋、大阪などの大都市に襲いかかってきます。そして、間違いなく阪神・淡路大震災や新潟県中越地震、東日本大震災などでは起きなかった、大都市特有の震災の顔である「三大震災難民」が発生します。この三大震災難民の発生が避けられない以上、本書で展開してきたように、高層難民は高層マンションに籠城する、帰宅難民は帰宅しない、不足する避難所を増やすのではなく避難者数を減らす、など発想の転換が必要になります。この発想の転換は国や行政に必要なのはもちろん、震災難民になる可能性がある読者にも必要なのです。

この本を読み終わった今、次に必要なのは実効性のある対策です。あなたの1日24時間を時間別に区分して、三大震災難民のいずれかになる要素があるかどうか、真剣に考えてみてください。そして、本書に書かれた対策を、できるものから実行に移してください。決して難しいことではありません。防災対策を頭で知っていただけでは生命は助かりません。実行して初めて助かるのです。本書がそのための一助になり、もうまもなく襲ってくる次の巨大地震後に、また皆さんに生きてお逢いできることを願ってやみません。

本書の刊行をお引き受けいただいた新潮社と、編集担当の横手大輔さんに、心からの御礼を申し上げます。最後に、東日本大震災で亡くなられた方のご冥福をお祈りして筆を擱《お》きます。合掌。

2011年6月

防災・危機管理ジャーナリスト　渡辺　実

渡辺 実　1951（昭和26）年生まれ。
防災・危機管理ジャーナリスト。
株式会社まちづくり計画研究所代
表取締役所長。技術士。防災士。
著書・共著に『高層難民』『彼女
を守る51の方法』など多数。

Ⓢ新潮新書

429

都市住民《としじゅうみん》のための防災読本《ぼうさいどくほん》

著 者　渡辺《わたなべ》 実《みのる》

2011年7月20日　発行

発行者　佐 藤 隆 信

発行所　株式会社新潮社

〒162-8711　東京都新宿区矢来町71番地
編集部（03）3266-5430　読者係（03）3266-5111
http://www.shinchosha.co.jp

印刷所　株式会社光邦

製本所　株式会社植木製本所

ISBN978-4-10-610429-9 C0236

価格はカバーに表示してあります。